「マネジャー」に
頭を切り替える思考法

リーダーの仮面

LEADER'S MASK

ダイヤモンド社

会社のマネジメントは、
〝リーダーの言動〟で
すべて決まります。

この本を手に取っているあなたは、
きっと「プレーヤー」として
優秀な人でしょう。
そして、優秀なプレーヤーは、
出世をして管理職（リーダー、マネジャー）
になります。

ただ、〝優秀なプレーヤー〟が
必ずしも〝優秀なリーダー〟に
なるとは限りません。

1人の部下を目の前にしたとき、
先輩として、上司として、
リーダーには〝**たくさんのこと**〟が
見えるはずです。

仕事のやり方、スキルアップ、
コミュニケーションの取り方、
段取り、ビジネスマナー、
チームワーク、資料作成、
やりがい、モチベーション、
売上、目標、家族、プライベート、
健康管理、ビジョン、夢……

リーダーは、つい、その場の

「**思いつき**」で何かを言いたくなるものです。

しかし、チームの結果を最大化させるために、

リーダーが見るべきポイントは、

〝**たったの5つ**〟です。

リーダーが何を言うか。
そして、何を言わないか。

いいリーダーの言葉は、
「**時間差**」で遅れて効いてきます。

まずは、「5つのポイント」にフォーカスし、
それ以外のことは任せる。
見守る。待つ。スルーする。

それを可能にする思考法として、
〝リーダーの仮面〟を与えましょう。

リーダーの仮面

安藤広大

はじめに――なぜ、「リーダーの言動」が大事なのか？

はじめまして。

「株式会社識学《しきがく》」という会社の代表を務める安藤広大と申します。

私はこれまで、「識学」という意識構造学を通して、多くの組織の問題を解決してきました。

「識学」とは、組織内の誤解や錯覚がどのように発生し、どうすれば解決できるか、その方法を明らかにしたマネジメント法です。

2023年8月時点で、約3500社の会社が識学を導入しています。

また、2019年度に新規で上場した会社のうち7社が識学を導入しており、**「いま、最も会社を成長させる組織論だ」**と、口コミを中心に広がっています。

もちろん、「株式会社識学」自体も、識学の考え方を実践しています。わずか3年11ヶ月でマザーズ上場も果たし、その力を自ら証明しています。

この本は、そんな識学のメソッドを元に、「若手リーダー」に向けてマネジメントのノウハウを伝えるものです。

初めて部下やスタッフを持つような人、いわゆる「中間管理職」を想定しています。

実は、このタイミングは、**人生において非常に大事な時期**と言えます。

なぜなら、社会人になって以降、プレーヤーとして自分のことだけで一生懸命だった時期が終わり、初めて「他人の人生」のことや「将来のキャリア」について考えるタイミングだからです。

その後も出世し続けたり、あるいは独立や起業をするにしても、最初の「**部下との接し方**」がマネジャーのキャリアの原点になります。

その第一歩めにおいて、**リーダーとしてうまくやれるか、失敗するかで、その後の人生で「大きな差」が開いていきます。**

最初のリーダーの失敗は、その後のキャリアにおいても、課長の失敗、部長の失敗、社長の失敗、フリーランスの失敗、創業者の失敗へとつながります。

ですから、本書の内容は、人の上に立つ立場の人であれば、誰しもが気づきを得られるものになっています。

まず、若手リーダーに知ってもらいたいことは、「**プレーヤーとして優秀だった人であればあるほど、リーダーとして失敗するリスクを抱えている**」ということです。

優秀な人ほど犯す 2つの「失敗」

リーダーの失敗は、大きく分けて2つのパターンがあります。

ひとつは、細かく指導しなければと思い、「もっとこうすれば？」「じゃあこうしてみようか？」と、**手取り足取り指導する人**。

もうひとつは、「俺の背中を見て覚えろ」と言わんばかりに自分がプレーヤーを続け、**部下についてこさせようとする人**。


実は、どちらも最悪なパターンです。


前者は優しくていいリーダーに見えますが、メンバーが思考停止し、成長しません。

後者も、できるリーダーのように思えますが、実はリーダーとしての責任を放棄し、役割を果たしていません。

私たちは、3500社以上の会社を見てきましたが、プレーヤーとして優秀な人ほど、このどちらかのパターンに陥りがちです。

部下やスタッフを持つと、これまでの仕事の延長ではなくなり、「まったく別次元の能力」が必要になるのです。

それが、「**マネジメント能力**」です。

こういう話をすると、こう言い出す人がいます。

「自分はプレーヤーとして生きていくから別にいいんだ」

最近は、「出世には興味がありません」と初めから宣言する若い人も増えています。

しかし、想像力を働かせてみてください。

ほとんどの仕事において、**プレーヤーとしての能力は、30代をピークに、年をとるごとに落ちていきます**。

自己管理を徹底して健康な体を保ち、読書や習い事で自分磨きをして、結婚して子育てや親の老後のことを考えながら、20〜30代の若手と同じ位置でパフォーマンスをあげることができるか。

自分が40、50、60代以上になっても20〜30代と同じ仕事で切磋琢磨できるかどうか。

手足となるような現場の人材は、若ければ若いほうがいいのです。

早く「**手足**」の機能を経て、「**神経**」の機能に上がっておかないと年をとってから大変なことになります。

リーダーとしてのスキル、つまりマネジメント能力がないと、「**代替可能な存在**」

になる可能性も高いです。

出世しないと逆にツラくなってくる現実にも目を向けるべきです。

もし、その自信がないのであれば、必ずどこかで「マネジメント能力」を身につけなくてはなりません。

リーダータイプは才能なのか？

では、あなたが持つ「リーダー像」とは、どんなものでしょうか。

人によっては、天性の才能で、リーダーシップを発揮できる人がいます。幼少の頃から学校生活で磨かれた「人間的な魅力」と言っていいでしょう。

カリスマ性があり、言葉と熱意で人を動かすことができるタイプで、学級委員長に選ばれたり、部活動でキャプテンを任されたりしてきた人です。

ひとクラス40人として、そんなリーダータイプが1～2人くらいはいたはずですが、ごく一部です。

それ以外の人は、マネジメントは諦めるべきでしょうか。

あるいは、今からリーダータイプに性格を変えるべきでしょうか。


その必要はありません。

ちょっとした考え方を身につけ、頭を切り替えるだけでよいのです。

それだけで、元々リーダータイプだった人を超える「いいリーダー」にもなれます。

その方法として、「識学」という学問が力を発揮します。その識学をベースにした「リーダーの仮面」という武器を本書では与えます。

「5つのポイント」以外はスルーしていい

前述したように、部下を目の前にすると、「1人の人間」として、たくさんのことを考えてしまいます。

仕事のこと。家族のこと。人生のこと。

特に、面倒見のいいリーダーは、つい寄り添い、「思いつき」でモノを言います。

しかし、その思いつきの言動は、部下の成長を止めることもありえます。


何をするかと同じく、何をしないかも大事です。

リーダーがフォーカスすべきなのは、「5つのポイント」だけです。


それが、「**ルール**」「**位置**」「**利益**」「**結果**」「**成長**」です。

これだけに絞ってマネジメントをします。

カリスマ性も、人間的魅力も不要です。


日々の仕事をこなしていると、人間関係や仕事上のトラブルに見舞われ、「**リーダーとしてどう振る舞えばいいいか**」迷うときが来ます。

そんなときこそ、この5つに立ち返るのです。

そうやって「5つのポイント」だけを見て他のことを考えないようにすることを、

本書では、「**仮面をかぶる**」と表現します。

その「ひと言」は後から効いてくるか

リーダーの仕事には、1つの大きなゴールがあります。

それは、**部下を成長させ、チームの成果を最大化させること**です。

たとえば、10人の部下をマネジメントするリーダーが、部下1人の力を1・3倍にできたらどうでしょう。

0・3×10人で、トータルのパフォーマンスとして3人分の成果を増やすことができます。

これが、リーダーの「バリュー」になります。

ただ、なあなあの関係では、メンバーは成長しません。

リーダーとメンバーに「いい緊張感」が生まれることが大事です。

そのために最適なのが、「リーダーの仮面」というツールなのです。

ポイントを押さえた声がけやルール設定、評価をし、メンバーが最終的にちゃんと成長する。それが、冒頭の7ページに書いた「いいリーダーの言葉は『時間差』で遅れて効いてくる」の真意です。


優しい言葉をかけて、その場だけ「いい人だ」と思ってもらっても、**その言葉は、頭に残りませんし、後から効いてもきません**。


「尊敬されたい」

「『すごい』と思われたい」


そんな「素顔」を見せないのが「仮面」の力です。

そして、仮面さえあれば、リーダータイプの性格でなくても、マネジメントはできます。

内向的でもいい。声が大きくなくてもいい。

ちゃんとポイントさえ押さえれば、部下を成長させ、結果を出すリーダーになることができます。

「仮面」はあなたを守ってくれる

また、「仮面」という言葉には、「**ペルソナ（仮面）**」という心理学用語の意味が込められています。

私たちは、誰もが普段から「ペルソナ」を使い分けているはずです。

会社では「会社員」「上司」「部下」という仮面をかぶっていますし、家では「父親」「母親」「夫」「妻」という仮面をかぶっています。

そして、**リーダーには、リーダーの役割を果たすための仮面があるのです。**

自分らしく素顔のままでいたいと思うかもしれません。

しかし、上司や部下、夫、妻、子どもらと接するときには、それぞれ言葉遣いや表情、態度、言動が変わってくるはずです。

というより、**変えなくてはいけないものです。**

全員に同じように接していたら、会社、家庭、引いては社会も成立しません。

「仮面をかぶる」という言葉に抵抗がある人も、「**ペルソナを使い分けて人間関係の問題をなくしている**」と考えれば、そのメリットに気づけるでしょう。


本音だけの1対1の人間としての付き合いを、全員とすることは不可能です。

そんな「自分らしさ」は、家族や子ども、親友の前だけで十分です。


仮面は、あなたを守るものでもあります。

人間関係の衝突をなくす盾となり、他人からの攻撃を受け流してくれます。

リーダーの仮面をかぶって仕事を進めて、人から嫌われたとしても、**それはあなたの人格が否定されたわけではありません。**

いちいち落ち込む必要などないのです。

本書の内容に沿って、1つ1つ、リーダーの言動の誤りを正していきましょう。

すると、かならずチームはうまくいきはじめます。

なぜ、会社は「変わらない」のか

ここまでの話で、「たかがリーダーの言動じゃないか」と軽く考えるかもしれません。

「自分の言葉で部下の人生や組織の運命なんて変わらない」と思うかもしれません。

しかし、違います。

リーダーの誤解や錯覚が、組織を変えていきます。

「このままではヤバい。会社を変えないといけない」

そう思い立ってテコ入れをする組織が後を絶ちません。

しかし、**その多くが、一時的な対処しか行っていません**。

これは、いわば「骨盤矯正」のようなものです。

抱えている問題に対して対処療法を施す。腰をバキッと鳴らして、その場では解決する。

ところが、良くなったと思ったら、また同じところが痛くなる。それを繰り返しています。

本当に大事なのは、**日々のズレをなくすことです**。

骨盤矯正の例でいうと、姿勢や座り方、歩き方が悪いので、100歩進むと100回ズレていってしまうということです。

そういうズレが積み重なっていくので、骨盤を1回矯正しても元に戻ってしまい、根本的な解決にならないのです。

そうではなく、毎日の歩き方や座り方、姿勢のズレを直さないといけないのです。

そのズレを組織の問題に置き換えると、「リーダーの言動」にあたります。

日々、ちょっと部下に話しかける、部下から報告を受けて何かをフィードバックするという、**この1回1回の積み重ね、そこがズレていると、どんどんズレが大きくなってしまうのです**。

30人の組織で、1人あたり1日にコミュニケーションが20回あるとして、それぞれそのうちの2回が間違っていたら、60回ズレます。

これが1ヶ月になったらどうでしょうか。

1年になったらどうですか。

「骨盤矯正」の繰り返しでは、会社の体質はまったく良くなりません。

本を読んでも日々の習慣が変わらなければ何も変わらないのと同じで、**組織においても、一度決意を新たにしただけでは意味がありません**。

だからこそ、リーダーが立ち返るべき「軸」が大事になってくるのです。

リーダーが生み出す「小さなズレ」が日々積み重なって、会社組織を悪い方向に変えていってしまいます。

その「小さなズレ」に気づけるのが、まさに「最初に部下を持つリーダー1年目」

のタイミングです。

本書の内容は、もしかしたら会社の方針や、さらに上の上司や社長の考え方との板挟みになるかもしれません。

しかし、あなた自身が「**人の上に立つこと**」は、これからの人生も続いていきます。

本書で教える「軸」を持ち続けてください。

いいリーダーになってください。

まだ会社組織の悪いしがらみで頭が固くなっていない「今」だからこそ、本書の方法を学んでいただきたいと思っています。

それでは、はじめましょう。

安藤広大

目次　リーダーの仮面

序章　はじめに

なぜ、「リーダーの言動」が大事なのか？

リーダーの仮面をかぶるための準備

──「錯覚」の話

第1章 安心して信号を渡らせよ ——「ルール」の思考法

第2章

部下とは迷わず距離をとれ
――「位置」の思考法

目　次

第3章

大きなマンモスを狩りに行かせる

——「利益」の思考法

目次

第4章

褒められて伸びるタイプを生み出すな
──「結果」の思考法

終章　リーダーの素顔

序章

リーダーの仮面をかぶるための準備

――「錯覚」の話

具体的な方法を説明する前に、「ある準備」をしましょう。
いわゆるマインドセットです。
本書の内容を理解するためには、これまでの「常識」が邪魔になってきます。
常識は考え方のクセとなり、あなたの行動を制約します。
その間違った常識を、序章で完全に取り除きましょう。
この序章は、本書を読み進める上で、何度も読み返すことになると思います。
何度も立ち返り、あなたの考えをアップデートしてください。

感情的なリーダーが犯した失敗

これは、私自身の「失敗」の話です。

前職の私は、とても感情的なリーダーでした。

いわゆる「背中を見て覚えろ」というタイプで、部下とよく飲みに行き、熱心に話を聞き、励ましてモチベーションを上げようとしていました。

リーダーである私自身がプレーヤーとしてトップの成果を出し、それを部下が自然と見てマネをする。それが「正しいマネジメントだ」と信じていたのです。

ただ、**部下たちは私が期待したほど成長しませんでした。**

私自身はどんどん結果を出せるのですが、チーム全体が最高のパフォーマンスを発揮できていたかというと、まったくそんなことはなかったのです。

私1人が抜けた途端に成績がガクンと下がってしまう。そんな脆弱《ぜいじゃく》なチームだったことに気づいてしまったのです。

そんなときに、「識学」という考え方に出会って、私の考え方は180度変わりました。

組織マネジメントは「数学」だった

私たちは、学校教育によって、「空気を読むこと」を練習させられてきました。

すべての基礎となる国語教育では、作者や登場人物の気持ちを汲《く》み取り、何を考えているのかが問われます。作文でも、感情の機微を読み取って、それを正しく伝える力が試されます。

つまり、**空気を読むことばかりを訓練させられてきたのです。**

組織マネジメントについて、以前の私は、どちらかというと、この「国語」的なものだと思っていました。

国語で文脈や意図、感情などを読み取るのと同じように、人の心や言葉のあいだを読み取って相手の心を動かす。

そのやり方が正しい組織運営だと思っていたのです。

しかし、識学と出会い、**組織マネジメントには「数学」や「物理」のように、公式があることを教えられました。**

数学のように理論でマネジメントをすることで、組織が強くなる。一定の公式があるので、エラーがなくなり、再現性もあります。

できる人、できない人の差がつかず、やれば誰でも成果が出せるのです。

「はじめに」でも述べたように、私はその考えに衝撃を受け、もっと識学を広めるために、会社を設立しました。

いかなるときも「個人的な感情」を横に置く

私の前職での失敗、その原因は「感情」でした。

感情は、マネジメントを邪魔します。

先ほど、マネジメントは国語ではなく数学だと言いましたが、数学の問題を感情的に解く人はいません。

「1＋1＝2、だけれど、3が好きだから、解答は3だ」などと言う人はいません。

公式に当てはめていけばいいだけです。

マネジメントで、同一の「公式」を全員が理解しておかないと、どういうことが起こるでしょうか。

「1と1を足したら、どうなるんでしたっけ？」

「1＋1＝10、っていう人もいるし、私は2だと思っていたけど、別の人は、1＋1＝1だと思っているらしい」

公式が曖昧な組織では、それぞれ独自の考えの答え合わせが頻繁に起こります。コミュニケーションによるすり合わせばかりして、各自の仕事が遅れるのです。

しかし、こういう話をすると必ず、「非人間的だ」「なんか冷たくてイヤだ」と言われます。

「感情を横に置く」という言葉そのものが感情を揺さぶってしまうのです。

ただ、こう考えてみてください。

国語的な、一見「人間的」なマネジメントをしたとしましょう。

それにより、成果が出ずに雇用が維持できなくなったらどうでしょう。部下たちはスキルが身につかず、他の仕事や会社で通用しなくなったらどうでしょう。

そのほうがよっぽど「非人間的で冷たい」のではないでしょうか。


別に、「無感情なロボットのようになれ」と言っているわけではありません。仮面をかぶることは、「ただ冷たく厳しくしろ」という意味ではないのです。

上がったテンションはやがて下がる

「感情」は横に置いておくべきですが、感情を出していい瞬間もあります。

それは、「**結果が出たあと**」です。

結果が出たあとの感情は力に変わります。

結果が悪くて悔しければ、「次はなんとかやってやろう」と思うでしょうし、結果が出て嬉しければ、「やってきたことが正しかったんだ」と思い、次の行動につながります。

逆にいちばん感情を出してはいけないのは、スタートからゴールのあいだです。

仕事を始める「前」や仕事をしている「途中」によけいな感情を持ち込まないようにしなくてはなりません。

俯瞰《ふかん》で自分を見つめるようにしてみてください。

映画やドラマでも、ただ仲のいい人たちがワイワイ盛り上がっているだけの描写になんの感動も起こりません。

結果を出すために試行錯誤し、失敗してもやり直し、最後に成果を得ることで感情が込み上げるからこそ、感動するものです。


よく、決起会や、景気付けに「ウォー」と声を出し合ったり、円陣を組んで盛り上がったりするような会社があります。

飲み会やカラオケにみんなで行って、「すごくテンションが上がったから頑張ろう！」などと言っているチームもあります。

そういう組織が、もっともダメな例です。

人間は、上がった感情は、必ず下がるようにできています。

「飲み会で盛り上がった次の日に、二日酔いでテンションが下がった」
「昨日はやる気だったけど、今日は別人のように冷めてしまった」
「『オレ、やります！』と言った部下が、全然頑張っていない」

そんなことが、あなたの会社でもよく起こっていないでしょうか。
これは、個人のやる気の問題ではなく、人間の意識がそのようにできているからです。

だからこそ、**モチベーションの有無や個人差によらない「理論」**が大事になってくるのです。

やる気を上げて一気にやることより、平常心で淡々と成果を出すほうが、はるかに大事です。

その環境を整えるのが、リーダーの仕事なのです。

「5つのポイント」だけで別人のように変われる

「はじめに」で述べたように、仮面は比喩《ひゆ》です。
リーダーが冷静に淡々と成果を出すために立ち返る、いわば「軸」です。
仮面をかぶるように、**「5つのポイントだけ」**に絞ってマネジメントします。
その5つは、本書の5章立てと対応しています。
それぞれについて、先に簡単に触れておきましょう。

ポイント1 「ルール」
↓ 場の空気ではなく、言語化されたルールをつくる

ポイント2 「位置」
↓ 対等ではなく、上下の立場からコミュニケーションする

ポイント3 「利益」
↓ 人間的な魅力ではなく、利益の有無で人を動かす

ポイント4 「結果」
↓ プロセスを評価するのではなく、結果だけを見る

ポイント5 「成長」
↓ 目の前の成果ではなく、未来の成長を選ぶ

以上が、5つのポイントです。

これにフォーカスしてマネジメントを見直しましょう。

ただ、現段階でこのポイントだけを読むと、次のような心理的葛藤が出てくるかもしれません。


「こんな指導をしたら、嫌われて人が離れていくんじゃないか？」


しかし、考えてみてください。

会社は孤独を埋める場所ではありません。

人間関係の寂しさを職場で埋めようとしていないでしょうか。

孤独がイヤなのであれば、**友達をつくるなり、趣味に没頭するなりしてください。**

孤独を埋めるものは、会社の外にたくさんあるはずです。

そのようなマインドに変えていくのも、リーダーになるタイミングで重要なことのひとつです。

私はこれまでさまざまな組織を見てきましたが、職場で孤独を埋めようとするリーダーは本当にたくさんいて驚きます。

彼らは、「職場の人間関係を円滑にしないといけない」と思い込み、次のような行動をとります。

「社員の誕生日を覚え、誕生日カードを書いて渡す」

「昼休みにみんなで遊べるように卓球台やダーツを用意する」

これがまさにリーダーとしてやりがちな失敗例です。

「職場の雰囲気がよくなると、成果が出るんじゃないか？」と、感情をマネジメントしようとしているからです。

実際は逆です。

雰囲気がよくなるから成果が出るのではなく、**成果が出るから結果的に雰囲気がよくなる**のです。

この錯覚は、いたるところで見受けられます。

それでは、なぜこのようなリーダーが生まれてしまうのでしょうか。

「モチベーション」という病

諸悪の根源は、「モチベーション」という言葉です。

部下たちの様子を見て、やる気を出させてあげたり、頑張る理由を与えたり、**つねに「モチベーション」のことを考えてしまうと、リーダーは失敗します。**

結果を出せない部下が、「モチベーションが上がらないんですよね」と言い訳ができる状況をつくってしまったら、そのチームは終わりです。

リーダーは、絶対にその状況をつくらないようにマネジメントしないといけません。

ですから、**本書では、「モチベーション」という言葉を使いません。**

リーダーシップの本には必ず出てくる概念ですが、本書では、それをハッキリと否定します。

何度も言うように、リーダーの役割は、部下たちのモチベーションを上げることではなく、成長させることです。

そのために知っておいてほしい理論と実践を、各章で説明していきます。

人間の意識構造を知れば、どのような誤解が生まれるか、どうすれば誤解を回避でき、部下たちが行動し、成長していくかを知ることができます。

それを本書で実感してください。

序章の最後に、ここまでの内容を踏まえ、リーダーになる準備をしましょう。

ここでは、5つの質問を用意しました。

今後、リーダーとして多くの葛藤が生じるかもしれません。

そんなときに、この5つの質問を自らに問いかけてください。

何度も読み返して、考え方を変えていただきたいです。

序章の実践

プレーヤーから頭を切り替える質問

質問1
「いい人」になろうとしていないか？

これまでのあなたは、職場の同期や後輩と仲良くやってきたと思います。

しかし、リーダーになり、部下ができると、仲良くやっていこうとする「感情」が邪魔をします。

すでにこれまで仲良くやってきてしまった人は、まず距離を置くことです。

世の中には、「フレンドリーな人がいい人である」という固定観念があります。

フレンドリーだと、表面上の恐怖が減るので快適になります。

しかし、成長に必要な恐怖も感じにくくなってしまうので、緊張感がなくなり、なあなあの関係になってしまいます。


また、リーダーは「**平等性**」を保たなくてはいけません。

リーダー側が平等に扱うことはもちろん、部下側からも「この組織は平等だ」と思ってもらうことが大切です。


人は他人と比べる生き物です。

「あの人だけ優遇されている」「同期の中であいつだけ特別扱いだ」という贔屓《ひいき》に、部下たちは敏感です。

だからこそ、上司と部下のあいだの距離を取る必要があるのです。自分から距離を取る上司でいるほうが、組織は伸びるし、最終的に部下も成長します。

質問2

「待つ」ことを我慢できるか？

優秀なプレーヤーは、他のプレーヤーが結果を出せないことに対して、理解が足りない場合があります。

しかし、結果が出るまでには「タイムラグ」があります。

リーダーが手を差し出せば、そのぶん部下の失敗は減るかもしれませんが、**学ぶ機会を奪ってしまう**ことにもなります。

だから、リーダーは焦ってはいけません。

プレーヤーであれば、半期や1年間の目標達成に集中すべきですが、上の役職になればなるほど、長期的な視点も必要になります。

「結果が出るまでのあいだに、楽しそうにやっている会社やチームに部下が流れていってしまうのではないか」と心配するリーダーもいるでしょう。

それに関しては、**「待て」と言うしかありません**。

新卒で入社して、他部署がキャッキャと楽しそうに仕事をしているのを見て、「なんで自分の部署は盛り上がっていないんだろう」と思ってしまう人もいるでしょう。

しかし、リーダーはぐっと我慢です。

マネジメントは毎日継続していく必要がある長期戦です。

ダメなリーダーほど、待つことができません。

モチベーションが気になり、テコ入れをしてしまいます。

士気を上げて人を動かすやり方は、「麻薬」みたいなものです。最初は効果的でも、だんだん効かなくなっていく。そして、もっと強い刺激が必要になります。

しょっちゅう「暑気払い」のような、士気を上げるための飲み会が開かれる会社をよく見かけます。

しかし、回を重ねるごとに恒例行事になり、形骸化し、嫌々でも参加させられるという本末転倒なことになります。

長期的な視点を持ってください。そして、部下たちの成長を待ちましょう。

質問3
部下と「競争」をしていないか？

リーダーが部下たちから現場の意見を聞くことは大切です。

現場をよく知っているのは、部下のほうです。

そこでリーダーが、「昔はこうだった」「自分のやり方はこうだ」と口出しをしてしまうと、チームの成長は止まります。

「自分は部下よりも現場に詳しいから、部下は言うことを聞いてくれる」と思ってしまうのは錯覚です。

リーダーがやるべきなのは、部下たちから情報を吸い上げて、それを元に判断を下すことです。

過去のやり方を押し付けて、部下と競い合ってはいけません。

リーダーは、チームの責任を負っている立場なので、意思決定に必要な情報だけ取れればいい。上司が部下より現場に詳しい必要はないのです。

リーダーは、「上司としての責任があるから、指示できる立場にいる」。それ以上でも以下でもないのです。

質問4
「マネジメント」を優先しているか？

先ほどの「部下と競争していないか？」とも共通するのですが、プレーヤーとして居続けるリーダーが多くいます。

特に、リーダーになりたての人は、自らもプレーヤーとして動く「プレイングマネジャー」であることがほとんどでしょう。

そのときにいちばん重要な資質は、「**自分の数字、個人の数字がたとえ悪かったとしても、しっかりと部下を指導できる**」ということです。

ダメなプレイングマネジャーは、自分の数字が悪かったときに申し訳なく思ってしまい、自信をなくしてしまいます。

「自分ができていないから部下に何も言えない……」

そう思ってしまうのです。

「プレーヤー」と「マネジャー」の役割で優先すべきなのは、つねに「マネジャー」

の役割です。

自分が成果を出していなくても、そのチームの責任者は、リーダーです。

いかなるときも「マネジャー」に専念しないといけないのです。

もしかすると、あなたの上司から、「リーダーであるお前がいちばん結果を出せ！」と言われることがあるかもしれません。

それでも、「部下のマネジメントを優先しています」ということは忘れないでください。チームとして成果を出せば、やがて「お前がやれ」とは言われなくなります。

それを信じて、待つことも必要です。

「マネジメント・ファースト」を忘れないようにしましょう。

質問5
「辞めないかどうか」を気にしすぎていないか？

リーダーは、社員が辞めることをいちいち気にする必要はありません。

社員の「辞める・辞めない」にコミットすべきではないのです。

いまの組織のルールに合わせたくない人や、成長意欲が低い人が去っていくのは、どうしようもないことです。

会社が成長していて、自分の成長を認識できていれば、人は辞めないはずです。

しかし、一定の確率で退職者が出るのは仕方がないこと。それはリーダーではなく、その社員の「個人の問題」です。

「弱者は去れ」と切り捨てるわけではありません。

基本的な考え方は「全員活かす」です。厳密に言えば、「**頑張りたい人間は、全員活かす**」ということです。

きちんと組織が回っていれば、能力に関係なく、全員が成長できます。

リーダーは成長する機会を与えることしかできません。

辞めさせないために部下に合わせる必要は、まったくありません。

リーダーがもっともやってはいけないのは、離脱を防ぐために「成長以外のもの」をエサにしてつなぎ止めようとすることです。

「簡単に達成できるように目標を極端に下げる」
「1週間に一度は食事に連れて行き、悩みを聞く」
「社員旅行をごほうびにする」

このようなマネジメントは、部下の成長において、まったく効果がありません。**辞めそうな部下を飲みに連れて行って、「いいことをした」と思うのは、大きな勘違いであり、自己満足です。**

最初の「いい人になろうとしていないか?」という質問にもつながってきますが、本来のリーダーとしての役割を果たしているのであれば、「辞める・辞めない」はあなたの責任でもなんでもないのです。

＊

以上、リーダーの仮面をかぶる前の準備として、5つの質問を紹介しました。

これらは、いずれも、リーダーとしての「軸」を確かめる質問です。

そして、この質問の答えに揺らぐとき、チームにピンチが訪れているのかもしれません。

しかし、**そこでリーダーがちゃんと判断できるかどうか、軸をブレさせないか**。それが、非常に大事になってきます。

ぜひ、本書を読み通す上で、何度も問いかけてみてください。

第1章

安心して信号を渡らせよ

――「ルール」の思考法

「ルール」と聞いて、直感的にどう感じるでしょうか？

おそらくネガティブなイメージでしょう。がんじがらめで不自由な印象があるからです。

しかし、実際には逆です。

ルールがあるからこそ、人は自由になれるのです。

国には法律があり、道には道路交通法があります。

だから安心してビジネスができたり、安全に道を歩くことができます。

リーダーが最初にやるべき「いいルール設定」について説明しましょう。

無法地帯で部下やメンバーを混乱させないために、まずはルールを設定し、守らせるようになりましょう。

「自由にしていい」はストレスになる

「ルールを守れ」と言われると、まるで監獄にでも閉じ込められるような反応を示す人がいます。

しかし、ルールを守る側の人にとって、適切なルールがあるほうが楽なはずです。

たとえば、夏休みの宿題を思い出してください。

「なんでもいいから興味のあることを自由に研究して発表しましょう」

「画用紙1枚に好きなものを描きましょう」

このような課題を与えられたことがないでしょうか。

どうでしょう。**とてもストレスを感じたはずです**。

では、次のような課題に変えればどうでしょう。

「**好きな生き物を1種類選び**、研究して発表してください」

「**最初に画用紙の真ん中に大きな丸を描いてください**。そこから連想したものを自由に描いてください」

それぞれ、「生き物」「大きな丸」というルールを追加するだけで、かなりストレスは軽減されるはずです。

リーダーがやることとして、もっとも大事なのが、この「ルールを決める」ということです。

いま、外で道を歩いていて、交通ルールにストレスを感じている人はいないでしょう。たくさんのルールがあるけれど、車はスムーズに走れている。逆に交通ルールがなかったら、道路事情はめちゃくちゃになってしまいます。

ルールを「決める人」と「守る人」

組織を運営する上で、必ずルールが必要になります。

それを現場レベルで決めるのが、リーダーの役割です。

ただ、ルールを守るとき、もしくは守らせるとき、そこに個人的な感情を加えてしまうと問題が起こります。


「あの人は目標を達成しているから遅刻してもいい」

「出世したから、あいさつしなくてもいい」

「あいつは気に食わないから厳しく注意してもいい」

「中途で入ってきた人だから、前の職場のやり方でもいい」

このように例外をつくってしまうと、チームや組織は、非常に脆《もろ》くなります。

「急いでいるから赤信号でも走っていいと思ったんです」

そんな車を1台でも許してしまうと、道路は一気に混乱します。

会社も同じです。

「**あの人は許されているのに、なぜ自分はダメなのか**」と言い出す人が現れると、組織はぐちゃぐちゃになります。

そもそも、「上司」「部下」などの役割そのものが、ルールの産物です。

ルール上の関係なのですから、それを運営するのにルールが必要なのは当然のことです。

別に、**上司のほうが人間的に偉いわけではありません**。

会社というもの自体、1人の力では達成できないような社会への大きな目的を達成するための「機能」にすぎません。

ルール上の関係なのだから、ルールで運営するというのが正しいだけです。

そこに感情が入り込んでしまうと、「ルール上の関係」という意識が薄れてしまいます。

リーダーは、個人的な感情で動くのではなく、組織の人間として仮面をかぶり、ルールを守らせないといけないのです。

「空気の読み合い」はもうやめよう

もう少し、交通ルールを例に話を進めましょう。

組織において事前にルールが明確化していない状況は、次のようなことを言われるのと同じです。

「『自由に走っていい』って言ったけど、いま、60キロで走っていたよね？　ここ、実は50キロ以上で走っちゃダメなんだよ。だから違反ね」

そう言われて違反切符を切られてしまったら、どうでしょう。

「最初からそう言ってよ！」と思うはずです。

リーダーは、このようなエラーをなくさないといけないのです。

あるベンチャー企業で働いている人がこんなことを言っていました。

「自由な社風だと言うから自由に振る舞っていたら、あとから上司に注意された。自由といっても、結局ルールは上司が決めるのだから、はじめに言っておいてほしい」と。

ルールが明確でないことは、部下にとってストレスになります。

リーダーの顔色をうかがい、空気を読みながら行動しないといけないからです。

どこに地雷が埋まっているかわからないところで自由に振る舞うことなんてできません。

逆説的ですが、**ちゃんとルールがある会社のほうがギスギスせず、組織内の人間関係が良好になるのです。**

お互いの「イライラ」をなくすことから

私の会社も、良好な人間関係で回っています。

みんなが守るべきルールがちゃんと明確になっているからです。

「ここは仕事をする場所だ」という共通認識を持ち、必要以上に触れ合うことがなくなります。触れ合わないので、感情の摩擦が起こりようがないのです。

識学の考え方に従ってルールを設定した組織の人たちは、みんな「**快適になった**」「**仕事に集中できる**」と語っています。


これは、ある不動産会社の部長の話です。

日々の仕事において、イライラすることが多かったそうです。

それは、部長自身が売上の7割をあげており、その姿勢を部下に見せつけることでマネジメントをしていたからです。

典型的な「ルール不足」でした。

その後、識学を導入することで、部下が守るべきことをルール化しました。

すると、1人1人の行動が変わり、チームが自走しはじめ、イライラすることも少なくなったそうです。


このように、ルールがあることはストレスをなくします。

逆に、ルールが多くて成長が止まったという話は、聞いたことがありません。

ルールがあるからこそ、安心して信号を渡ることができるのです。

そのことを押さえておきましょう。

ルールは「誰でも守れる」が絶対条件

ルールについての考え方は理解してもらえたでしょうか。
次に、リーダーがすべきことを説明していきましょう。
リーダーがやらなければいけないことは、

「ルールを作り、それを守らせる」

ということです。

ルールには大きく分けて2種類があります。

「行動のルール」と**「姿勢のルール」**です。

まず、「行動のルール」とは「1日に10件営業回りをする」「会社に1000万円の利益をもたらす」といったルールです。

これらは会社が設定した目標と連動したルールです。

したがって、守れる場合と守れない場合があり、それによって部下は評価されます。

詳しくは第4章でお話しします。

ここでは、後者の「姿勢のルール」について詳しく説明します。

「姿勢のルール」とは、「できる・できない」が存在しないルールのことです。

まさに姿勢が問われるルールなので、「姿勢のルール」と呼んでいます。

「あいさつをしましょう」

「会議には遅れず参加しましょう」

「日報を17時までに提出しましょう」

などが姿勢のルールにあたります。

これらには、「**やろうと思えば、誰でも守ることができる**」という特徴があります。

姿勢のルールは、リーダーに対する姿勢を表すものです。

「できる・できない」が存在しないので、守らない人間は「意図的に守っていない」ことになります。

姿勢のルールを徹底して守らせることが、組織のリーダーとしての一丁目一番地にあたります。これができない人にリーダーの資格はないのです。

ルールが「仲間意識」を生み出す

「姿勢のルール」を決めてそれを守らせるのには、大きなメリットがあります。

それは、メンバーに「**この輪の中にいるんだ**」「**この会社の一員なんだ**」という認識を持たせられることです。

学生時代の友達グループを想像してみてください。

自分たちの中で、「悪口は言わない」などの暗黙のルールをみんなが守っていれば、「こいつは仲間だな」と思ったはずです。

逆に、その暗黙のルールを破るような人間が出てきたら、「こいつとは仲間で居続けるのは難しいな」と思ったはずです。


会社は学校ではありませんから、**そのルールを「言語化」してシェアすることが必要です**。

口頭だけで伝えるのではなく、メールや共有ファイルなどで文章にし、いつでも見られるようにします。

ルールはそのチーム、組織ごとに違って構いません。極論を言えば、なんでもいい。「できる・できない」が存在しないルールを守らせる、ということが重要です。

それにより、「上司と部下」「リーダーとメンバー」の関係をつくっていきます。

「姿勢のルール」がない組織では、組織に対する帰属意識が働きにくくなります。

ただし、**ルールが部下ごとに異なるのはNGです。**

たとえば、「あなたは会議には来られるときだけでいいよ」や「あなたは日報を月末にまとめて出す人だよね」と、人によってそれぞれルールが違うような状況です。よかれと思ってこれをしてしまうと、組織への帰属意識は薄れます。

ルールは「全員が守れる範囲」で統一すべきです。

共通のルールを守っていることイコール、その組織の一員であるという認識を持つことになります。

具体的な実践方法については、本章の最後に説明します（P93）。

「部下からの反発」を乗り越えるには

実際に「姿勢のルール」を実行すると、どんな問題が起こるでしょう。

ある人材会社では、次のようなことが起こりました。

姿勢のルールとして、「あいさつをする」「時間厳守を徹底する」ということをリーダーが部下に伝えました。すると、

「そんなことは明文化しなくても、文化として作り上げていけることが私たちの会社の強みだ」

と、ネガティブな意見が出たそうです。

新しいことをすると、必ず反発があります。

人や組織は、これまでのやり方を続けるようにできています。

だからこそ、感情を横に置く「リーダーの仮面」が大事になってきます。

先ほどのリーダーは、嫌われるかどうかを横に置き、「ルールはルールである」ということを部下たちに伝えて実行させました。

できていないときは、「できていないから次から守るように」と指摘するようにしたそうです。すると、１ヶ月後には、

「あいさつはできているようでできていなかった」
「ルールができてから会社の雰囲気が良くなった」
と、好意的な意見に変わったそうです。

リーダーには、この1ヶ月を耐えて、待つことが求められたのです。

先ほども述べたように、ルールはなんでもよいです。

「独自のルールを設定する」というのもひとつのやり方です。

ちなみに、私の会社では、「上司が会議室に入ってきたら立つ」というルールがあります。

会社の外でお客さんが待っていたら、「用件は伺っておりますか?」と聞くこともルールにしています。

「ルールを作って、守らせましょう」と言うと「そんなことをしたら、みんな会社を辞めちゃうかもしれない」「嫌われてしまうかもしれない」と心配する人もいます。

そんな心理的なハードルを乗り越えて人間関係の悩みを生まないようにするのが、リーダーの仮面の本質です。もう少し掘り下げていきましょう。

「リーダー失格」の行動とは何か

職場の人間関係で悩む人は多くいます。

しかし、識学の考え方の中に「人間関係」という概念はありません。

上司は上司の役割をし、部下は部下の役割をする。ルールに則って規則正しく動く。

ただ、それだけです。

そこに余計な感情は発生しません。だから、**精神的に疲れることはないのです**。

感情で動いている組織では、リーダーが部下に好かれようとします。逆に部下もリーダーに好かれようとします。

すると、「人間関係」の問題が出てくるので、疲れてしまうのです。

「上司が好きだから言うことを聞く」

そんな状況は、一見、聞こえがいいように思えます。

しかし、ひっくり返すと、

「上司が好きじゃなくなったから言うことは聞かない」

ということを許すことになってしまいます。

好き嫌いが、上司の指示を聞くか聞かないかのパロメーターになってしまう。そんな状況は絶対につくってはいけません。

正しくルールを言語化して運営されている組織では、業務上で感情的になることはありません。その結果、人間関係の悩みもなくなります。

「ガチガチにルールだらけの会社はどうなのでしょうか?」

そう聞かれることも多いです。

私はそれでも、ルールがないよりはずっとマシだと言っています。

大事なのは、**ルールがないことによるストレスから部下たちを自由にすること**なのです。

チームにとっての「要注意人物」

チームや組織にとって注意すべきことがあります。

それが、「**コミュニティの外側に出てしまっている人**」の存在です。

「うちの会社って、スピード感がないところがダメだよね」

「自分がいなきゃ、うちの会社は回らないよなぁ」

このように評論家のような立場になったり、個人の力を過信しているような人たちが、あなたの会社にいないでしょうか。

彼らの言動や行動を正していくのも、リーダーの重要な役割です。

どうすれば、彼らはコミュニティへの帰属意識を持つのでしょうか。そこで必要になってくることこそが、「ルールを守らせること」です。

「姿勢のルール」を設定し、守らせるのです。

それでも、「私はそのルールは守りません」と反発する人は、その組織、あるいは会社には合わない人なのだと、識学では考えます。

とはいえ、もちろんリーダーには、辞めさせる権限はありません。人事権は経営者に任せ、リーダーは、とにかく感情で動かそうとせず、ルールを守らせることだけに集中します。

ルールを守らない人がいた場合でも、その人だけを特別扱いしてはいけません。「好かれたい」「いい人に思われたい」という感情はグッと抑え、リーダーの仮面をかぶるのです。

これは、ある飲食店のエリアマネジャーの話です。

中途入社でマネジャーとして入ったのですが、売上の数字がなかなか上がらなかったそうです。

彼は中途入社であることに負い目を感じ、「現場とのコミュニケーション不足で会社にとけ込めないのが原因だ」と勘違いをしていました。

つまり、**「売上の問題」を「コミュニケーション不足」という他の問題にすり替えていたのです。**

こういった場面でも、やることは同じです。

ルールを設定し、ルールどおりに動いているかどうかだけに集中してマネジメントするのです。

そうすることで、**目の前の人間関係の問題を考えなくなり、メンバーたちが迷わずに業務を遂行するようになります。**

その結果、彼はエリアマネジャーの中でトップの成績を出すようになったそうです。

このように、コミュニティへの帰属意識を素早く築き、早く結果を出すために、ルールの設定にフォーカスすることは有効なのです。

「ダメなルール」はみんなを混乱させる

リーダーが部下にルールを守らせるとき、大事なポイントが2つあります。
1つめが、「**主語を曖昧《あいまい》にしない**」ということ。
もうひとつが、「**誰が何をいつまでにやるかを明確にする**」ということです。
当たり前のことのように聞こえます。
しかし、驚くほど多くの人ができていません。
この2つを満たしていないルールは、すべて「ダメなルール」です。
それぞれを見ていきましょう。

「自分を主語にする」という姿勢

まずは、「主語を曖昧にしない」というポイントについてですが、ダメなパターンである「自分を主語にしない言い方」を考えたほうがわかりやすいでしょう。
それは、次のような言動です。

「この会社では早めに出社したほうがいいよ」
「一般的にあいさつはするものだよね」
「この仕事、早くやらないと上が怒るよ」
「できなくても部長には自分がうまく言っておくからさ」

このような言い方は最悪です。
特に、3つ目の「上が怒るよ」という言い方は、部下と同じ立場に立って、上の人と対峙《たいじ》する状態を作り出しています。

つまり、**リーダーである自分が部下と同じ位置からモノを言っているのです**。

この手法は責任逃れであり、リーダーとして絶対にＮＧです。

部下からすると、自分と同じ位置に降りてくれているので、怖さがなくなります。

しかし、部下と自分が「仲間」になることで、なあなあの関係になってしまい、部下の成長が止まります。

こうした言動は、初めてリーダーになった人が特にしがちです。

プレーヤーの気持ちが残っていて、偉そうにすることに抵抗があるためです。

すると、指示することや責任を負うことをどんどんしなくなり、やがて「**空気を読むだけの調整役**」や「**役に立たない上司**」になっていきます。

失敗例として、「あるあるネタ」と言ってもいいくらい、よく起こる現象です。

責任逃れのリーダーの下では、チームは成長しません。

余談ですが、役職が上がり、会社の「ナンバーツー」的な存在の人がこのような振る舞いをしはじめると、会社は終わります。それくらい危険な言動なのです。

「誰が何をいつまでにやるか」を明確にする

2つ目に、自分を主語にするのと同じくらい大事なのが、「**誰が何をいつまでにやるかを明確にする**」ということです。

たとえば、オフィスの掃除をチームで分担してやるとしましょう。

そのときに、次のようなルール設定をしていないでしょうか。

「オフィスはキレイにすべきだ。気づいた人が率先して掃除するようにしましょう」

このように、**標語のようなルールでは、誰も掃除をやりません**。

メンバーを混乱させるダメなルールの典型です。

たとえ、一部の人が掃除をしたとしても、「自分ばかりがやっていて損だ」と不公平感を覚えるようになります。

曖昧なルールだと、やる人とやらない人のムラが生まれ、チームはぐちゃぐちゃになるのです。正しくは、

「月曜日はAさんがフロア内の掃除をしてください。16時までに終わらせるように」

このように、言語化することで、メンバーのすべきことが明確になります。

Aさんにとっては、月曜以外は掃除のことを考える必要がなくなり、自分の仕事に専念できます。他の人にとっては、月曜日の掃除はAさんに任せることができ、自分の仕事に集中できます。

こうして見えないストレスをなくしていき、ルールどおりにできていないときに指摘する。それがリーダーの役割です。

だからこそ、ルールは事前に決めておくべきなのです。

ルールがないと、みんなが見えないルールを探り合って疑心暗鬼になり、人間関係がギスギスしはじめます。

「なんで、みんなやってくれないの？」

「誰かもっと手伝ってほしい」


そのような声が出る会社は、危険な状態です。

ルールがなく、個々の裁量に任せてしまうと、仕事の優先順位に対する認識の違いが生まれるのです。

しかし、ルールを設定することで、「きれいなオフィスのほうがいい」という共通の利益に全員の意識を向かせることができます。

ルールで決まっていれば、手伝う手伝わないの問題は発生せず、「やると決まった人がやってください」と一言だけ指摘すれば済みます。


ルールのある組織に「気遣いでやる仕事」という概念はありません。

「Aさんには、もっと気遣いしてほしい」といった感情の摩擦は起こりえないのです。

「やり方」を変えるベストタイミング

最後に、あるコンサルティング会社の部長が、組織が大きくなるにつれて抱えた葛藤について紹介しましょう。

過去の私と同様に、「感情的に部下に寄り添うこと」を意識していたリーダーでした。部下の顔色を見て調子が悪そうなら鼓舞し、遅くまで頑張っている社員には激励の声がけをし、たとえ小さな金額でも受注が決まったらお祝いメールを出す。お酒が好きなメンバーとは飲みに行ってガス抜きをし、わからないことは丁寧に寄り添って教える。

最初のうちはそれがうまくいっていました。

しかし、会社が大きくなり、新しいメンバーが増えていくと、途端にうまくいかなくなったそうです。

これは、**成長している組織に共通して起こる現象です**。

もし同じ方法を続けていたら、部長と距離の近い部下だけが「えこひいきされている」ように見られ、他のメンバーが悪い感情を持ちはじめたでしょう。

そこで部長は他の部署を見るようにしました。

そこで気づいたのが、「**自分とは真逆で無機質なタイプのマネジャーのほうがうまくいっている**」という事実でした。

しかし、やり方を変えるのは難しいことです。

昔はうまくいっていたし、それが正しいと信じたくなる。人間はそう思い込む生き物だからです。

そうして大きな葛藤があったそうですが、組織の成長を選び、識学の方法を実践しはじめました。

やり方を変えると、最初は古参メンバーから反発もあったそうです。

しかし、そこは「リーダーの仮面」の出番です。

黙々とやり続けて結果を出せば、時間差で部下たちは気づくのです。

これまであまり面倒を見ていなかったメンバーにも成果が出るようになったとき、彼はやり方を変えてよかったと心の底から思えたそうです。

部下の話を聞いてみると、「部長の顔色を伺わなくてよくなって、伸び伸びとやりやすくなった」とのことでした。

チームが成長するかどうか。

それは、リーダーが感情的に寄り添うことをやめられるかどうかが鍵を握っているのです。

それを見事に表すエピソードでした。

以上、第1章ではリーダーがまずすべきこととして、「ルール」の思考法を紹介しました。

「言わなくてもわかってもらえるだろう」
「察してくれるだろう」

そういったマネジメントは、もうやめにしましょう。

無法地帯で空気を読むことを強制してはいけません。

「姿勢のルール」のように、「簡単なようで、できていないこと」を守らせることができるかどうか。

それが今後のマネジメント人生で大きな差を生みます。

最後に、あえて少し厳しいことを言うと、**「姿勢のルール」すら守らせられない人に、この先、大きな仕事は成し得ません。**

それくらいの覚悟で実践してみてください。

第1章の実践

「姿勢のルール設定」をやってみる

本章のポイントを整理しながら、実際に「ルール設定」をやってみましょう。

あなたは、「会議に遅れてくるメンバーが多い」という問題を抱えているとします。

×「会議には時間どおりくるべきだろう」

と、部下たちに察するような雰囲気を出しているとしたら、リーダー失格です。

認識の齟齬《そご》によって発生するエラーは、上司であるリーダーの責任だからです。

まず、リーダーがすべきなのは、誰でもできる姿勢のルールを作ることでした。

「全員、会議の始まる3分前には着席しましょう」

このように、誰が何をするのかをハッキリさせましょう。
そのルールは、一度だけ口で言ってもダメです。
「聞いていなかった」「1分前じゃありませんでしたか?」という反論の余地が生まれてしまうからです。

- **一斉メールで伝える**
- **全員が見られる共有ファイルをつくる**
- **ルールをまとめて紙で配布する**

など、後から確認できるようにしましょう。

その際、主語が曖昧になっていないかに気をつけます。

×「上が言っているから」
×「みんなやるようにしているから」
○「私がそう決めたので、以後、守ってください」

など、責任の所在が自分にあることを明確にします。

「今までの習慣を変えたくない」「新しいことは覚えたくない」というような反発に負けないよう、堂々と伝えましょう。

そうして実際に運用しはじめたら、問題が起こってくると思います。

「会議前の電話が長引き、時間通りに出られないことがあります」
「自分は15分前から待っているので、もっと早く来てほしいです」

そうやって部下から出てくる問題は、「情報」として受け止めます。

あくまで「情報」です。

全員の顔色をうかがってすべてを満たすようにルール変更をする必要はありません。

リーダーであるあなたが情報を元にして、最終的な判断をします。

「重要な電話の場合は、一度電話を切るか、メッセンジャーなどで上司に会議に遅れる承認を取る」とルールを追加する
「3分前と伝えているので、それより前に集まる必要はない」と明言する

というように、情報だけを見て決めましょう。

このときに、「嫌われないかな」「辞めちゃわないかな」と、感情的になってしまうと、リーダーの軸がブレます。

言った者勝ちの状況を作らないように注意しましょう。

そして、もうひとつ大事なのは、「最初に決めたルールが絶対だ」としないことです。

部下からの情報は、つねにオープンに収集して、「ルールが間違っていた」「不備があった」と思えば、その都度、変えるようにすればいいのです。

足りなければ補えばいいし、過剰であれば減らせばいい。

わかりにくいルールであれば、わかりやすく変えていく必要もあります。

ただ、ルールを変えるときにも、感情が生まれます。

×「言っていることがコロコロ変わると思われないかな」

と、心配してしまうリーダーがいます。

ここでも「リーダーの仮面」をかぶりましょう。

ルールが間違っていたことや、不備があったことは潔く認めて、新しくルールを決めるべきです。

「会議の10分前に集まるというのは間違っていた。開始の3分前に集まるように」

というように、状況に併せてルール変更するのが正しいリーダーのコミュニケーションです。

以上が、具体的なルール設定の方法です。

ぜひ、身につけましょう。

第2章

部下とは迷わず距離をとれ

──「位置」の思考法

昨今、ティール組織やホラクラシー組織など、

新しい組織の概念が流行しました。

しかし、それらを今の会社組織のまま当てはめると危険です。

ある人の体に、別の血液型の人の血液を入れると、

体は拒否反応を示し、死んでしまいます。

それと同様に、ピラミッド組織には、「ピラミッド組織に合ったマネジメント法」を導入する必要があります。

完璧なピラミッドの下では、滞りなくビジネスが回ります。

そのために、リーダーがやるべき「位置」の確認をやっていきましょう。

ピラミッド組織を再評価しよう

あなたが働いている組織は、どのような構造をしているでしょうか。

経営者をトップとし、役員が数人いて、各部署に部長がおり、課長などの中間管理職がいて、一般社員がそれぞれに付いている。

大小はあるかもしれませんが、そんな「ピラミッド構造」がほとんどではないでしょうか。そして、前章のルールの話と同様に、**「ピラミッド」という言葉にも嫌悪感を抱く人が多くいます**。

たしかに、時代が変わり、立ち行かなくなっている日本の大企業を見ていると、ピラミッド組織に問題があるように感じるでしょう。

しかし、それは誤解です。

ピラミッドには、ピラミッドなりのメリットがあります。識学では、組織の成長スピードを考えたとき、「ピラミッド構造が最適であり、最速である」と考えます。

管理職やリーダーなしで組織運営をする「ティール組織」や「ホラクラシー組織」の考え方に賛同するのであれば、まったくゼロから会社を創り、その概念を取り入れるしかありません（それでも、うまくいく可能性は低いと思いますが）。

形はピラミッドなのに、個人の考え方はティール。そんな中途半端な「いいとこどり」はできないのです。

すでに出来上がった会社組織にいる人は、ピラミッド組織に適したマネジメント法を実践する必要があります。

「責任者」がいないと何も動かない

ピラミッド組織は成長スピードが速い。先ほどそう述べました。

それは、**決定する人が明確で、責任の所在がハッキリしているから**です。

誰に責任があるかを決めておかないと、物事は進みません。


たとえば、AさんとBさんの2人で旅行に行くことを考えてみましょう。

両者が行きたいところを主張し合っているだけでは、旅程は決まりません。

しかし、普段から旅慣れているAさんが観光で回る順番を決め、Bさんは指示通りについていくだけにすると、スムーズに決まります。

もちろん、Bさんは、何も言わずについていくだけではなく、気づいたことや調べた情報はAさんに伝えてオッケーです。

しかし、**責任を持って最後に決めるのは、Aさんに任せます**。

ちゃんと楽しい旅になるか、計画が崩れないか。それをAさんが責任を持って判断するようにします。

このように、**2人以上の人間がいれば、それは「組織」の関係になります**。

しかし、よく、次のような話を聞かないでしょうか。

「ピラミッド構造だと上に決裁をとるまで時間がかかって、なかなか決まらない」

これは、大きな誤解です。

ピラミッドの形が悪いわけではなく、「ピラミッドに合わせて組織が運営されていない」ことが原因です。

それぞれのリーダーが持つ責任の範囲が曖昧だから、1つ1つの決定を押し付け合い、意思決定のスピードが落ちるのです。

ただの「伝達係」になっていないか

これは、ある製造業の課長の話です。

彼は、部下のマネジメントではなく、自らのプレーヤーの動きばかりとっていました。

部下から指示を仰がれても、決めることをせず、「あなたはどうしたいの？」と、判断を部下に委《ゆだ》ねていたのです。

しかし、**自分が決めていないからといって、リーダーである自分の責任を免《まぬが》れるわけではありません**。

自分の役割を理解し、決めることに対して躊躇《ちゅうちょ》をなくしていかなくてはいけません。

そのため、リーダーは、自分が立っている「位置」について考える必要があります。ピラミッドのどこにいるかを把握し、下からの情報を判断し、意思決定をする範囲を知るのです。

うまくいっていない会社の中間管理職の人たちを見ていると、「位置」を勘違いしている人が多くいます。

部下の言うことをそのまま上に伝えて決めてもらうような「**伝言ゲームだけをする人**」です。

そうではなく、**あなたが決められるものは、あなたが決める**。

その「位置」の考え方を本章で身につけましょう。

位置によって「見える景色」が異なる

高い山に登れば、遠くを見渡すことができます。

自分が暮らしている街も、ちょっと高いところから見ると、まったく異なる表情をしているものです。

近所にキレイな川が流れていると思っていただけなのが、高いところから見ると、河川の氾濫《はんらん》による浸水リスクに気づくかもしれません。

上に行けば行くほど、見える範囲は広がります。

それは、組織でも同じです。

組織の中のポジションによって、見える景色は違います。

見なければいけないポイントも変わってきます。

リーダーとメンバーでは、当然見えている景色が違います。

中間管理職と社長も、見えている景色が違います。

社長はもっとも高い位置にいるので、いちばん遠くまでを見渡せます。はるか先に敵やリスクが見えたら、そこに備えたり、攻める判断をする必要があります。

もし、社長が目の前のことだけを考え、社員たちを喜ばせる施策をしていたら、会社の未来はありません。

社員に破格の給料やボーナスを支払い続けて、すぐに潰れたＩＴ企業がありましたが、それと同じです。

高い位置にいる人は、未来を見据えて決断し、行動する責任を背負います。

初めてリーダーになったときは、初めて「高い位置」へと上がり、視点を変えるときなのです。

いま、部屋の中でイスやテーブルの上に立ってみると、フラフラして下ばかり見てしまうかもしれません。

初めてリーダーになるときは、そんな足元もおぼつかない不安を感じると思うので、「視点」を変える必要があります。

リーダーの視点は「未来」に向けられている

「今」に視点を置くのか「未来」に視点を置くのか。

それにより行動は変わってきます。

たとえば、数字に厳しい上司は、今の部下にとっては嫌なものでしょう。

しかし、「未来」に視点を移すと、「あのときは大変だったけど、頑張っておいてよかった」と、部下にとってその上司の存在はプラスに転じます。

逆に、優しい上司は、今の部下にとってはいい上司ですが、「未来」に視点を移すと、部下は成長できないためマイナスの存在となります。

そうやって未来から逆算して考えるのが、リーダーの役割です。

仮面をかぶり、「位置」を意識するようにすれば、「今の利益」を脇に置いて、「未来の利益」を選ぶことができるのです。

子育てでも同じことが言えます。

子どもが「お菓子を食べたい」と言っているからといって、親はお菓子ばかりを与えるようなことはないでしょう。

嫌いな野菜でも食べさせようとするでしょうし、栄養のことを考えてバランスよく献立を考えるはずです。

そこで食べたものが、子どもの体をつくるからです。

親という役割もリーダーと同じく、高い位置から「未来」を見ている存在です。

「お願い」ではなく「言い切り」で任せる

リーダーとしての「位置」が理解できたら、次は部下の位置についてです。

部下にも、「自分は今、どういう位置に身を置いているか」を正しく認識させることが大切です。

とはいえ、本書はプレーヤー向けに書かれたものではないので、「部下としての心構え」については詳しく説明しませんが、部下が位置を誤解したままでは仕事が進みません。

リーダーがすべきことだけを説明します。

それは、「**誰から評価されるのかを理解させること**」です。


人間は誰かから評価されないと生きていけません。

誰かから評価されて、その対価として給料などの、生きるための糧《かて》を得ています。

それが社会の仕組みです。

自分が糧を得るにあたり、「今、自分が評価を得なければいけない存在は誰なのか」を正しく認識する必要があります。


組織においては、**通常の社員は直属の上司に評価される存在です**。上司はそのまた上司に評価されます。

トップにいる社長を評価する人は、組織の中には存在しませんが、社長は、お客さんや株主など、「社会」から評価されます。

当たり前のように聞こえますが、問題を抱える組織では、この当たり前のことができていません。

評価という言葉を聞くと、次のようなことを思わないでしょうか。

「正しく評価なんかされるわけがない」
「上司は全然自分を見てくれていない」

部下の人たちをヒアリングすると、そんな意見が返ってきます。
それは、**リーダーが感情による評価をしていること**が原因です。
序章の質問でも述べたように、リーダーには「平等に見ること」が求められます。
つまり、仮面をかぶって事実だけで評価を下せているかどうかが問われるのです。

リーダーは「お願い」をするな

平等とは、対等という意味ではありません。
「**位置を明確にしたコミュニケーション**」を部下たち全員にできているかが大事です。

たとえば、部下に仕事を任せるとき、次のような言い方をしていないでしょうか。

「時間があるときで構わないので、資料まとめておいてくれない？」

「やりたくなかったら断ってくれていいんだけど、この仕事できるかな？」

これらは、典型的な「位置」を間違えた言い方です。

平等と対等を混同しています。

特にプレーヤー気分が抜けない若手リーダーが言いがちです。

これが間違っている理由は、2つあります。

1つめは、「**決定権が部下にあること**」。

2つめは、「**責任の所在を曖昧にしていること**」です。

1つめの決定権が部下にあるのは、すぐにわかるでしょう。「いま、ちょっと忙しいんです」「やりたくありません」と、簡単に断ることができてしまうからです。

大事なのはもうひとつの「責任の所在」です。

本来は、指示に対しての実行責任が部下にもあり、実行の結果責任は上司にあります。

部下に決めさせるような言い方なので、結果が悪かったときに、「実行することを決めたあなたが悪い」「引き受けたのに、なぜうまくいっていないんだ」と、後から部下に責任を押し付けることができてしまいます。

先ほどの言い方は、**指示ではなく「お願いごと」です**。

対等な関係、もしくはお願いされたほうが上の立場になってしまうような言い方です。こういった位置を間違えたコミュニケーションを、徹底的になくさなければいけません。

「言い切ること」に慣れよう

ある広告会社の部長の話を紹介しましょう。

その部長は、つねに部下に気を使って「お伺い」を立てていました。

「この仕事、やりたいかな？　どう？」という言い方です。

そして、いざ部下が仕事を引き受けると、「好きなようにやっていいから」と、丸投げしてしまっていたのです。

すると、部下たちは、責任の所在がどこにあるのかわからなくなり、部長の上司である社長に直接アプローチするということが多発したそうです。

つまり、現場を取り仕切る部長のリーダーとしての役割がまったく機能しなくなったのです。

そこで識学の考えを使って、「**上司からは言い切り口調にする**」ということを実践してもらいました。


「この仕事はAさんに任せた。契約に結びつけてください」

「来週の火曜の15時までに資料をまとめておいてください」


と、1つ1つの指示を言い切るようにしたのです。

初めは、「あまり偉そうにしたくない……」という心理的抵抗が起こったようです。

もちろん、「いいから黙ってやれ」と、偉そうにする必要はありません。

しかし、責任を持って部下に任せていかない限り、仕事は回りません。

その部長も、徐々に言い切り口調に慣れ、最終的にはチームの仕事のスピードが上がったそうです。


また、**よくあるダメな言い方として、「メリットを提示する」というものがあります**。仕事をお願いした負い目で、

「今度、飲みに連れて行くから」

「次からは他の部下に任せるから」


など、ご褒美を与えてモチベーションを上げるような仕事の任せ方です。

序章で述べたように、部下のやる気を気にする必要はありません。

それぞれの立場にいる人に、**その役割と責任に応じて上から下へ仕事が降りてくる**

だけです。

仕事を振ることとは、子どもにお使いを頼むのとは訳が違います。

任せた仕事が終わったあと、お菓子や飲み物を買ってあげるようなリーダーもいますが、それは、**部下を子ども扱いしているようなもの**です。

ここでも、仮面をかぶり、「いい人」を演じるのはやめましょう。

「あれって、どうなった？」を言わないルール設計

部下に指示をするときに、必ずやるべきことがあります。

それは、「締め切り」の設定です。

よく聞くのが、「時間があるときでいいから」といったお願いの仕方ですが、絶対にNGです。

指示に期限を入れていないと、上司から部下へ「あれって、どうなっている？」と確認しなければいけなくなります。

指示は「上から下」で、その後の報告は必ず「下から上」になるようにすべきです。

そのためにも、締め切り設定は必要です。

どんなささいな場合でも、期限を設けましょう。

「これを来週水曜の11時までに仕上げてください」などと伝えます。

もし、部下が「できない」と思えば、「今、別の仕事に取り掛かっていて、金曜の11時までであれば可能です。延ばしていただけないでしょうか？」という返答があるでしょう。

こういった事実ベースのやりとりは、部下が自分の職務を果たす上での発言なので、問題はありません。情報はつねにオープンにし、その都度、判断しましょう。

こうした仕事の任せ方ひとつで、「位置」は正しく認識させられます。

この仕事の任せ方こそが、「はじめに」で述べた「日々の言動のズレ」です。

ダメなお願いの仕方が、組織をダメにしていきます。

リーダーの位置を間違えない言い方を身につけましょう。

ストレスのない「正しいほうれんそう」をしているか

「位置」の概念は、気づくと忘れてしまいがちです。そうならないために、日常的に上司と部下の「位置」を部下に確認させる方法があります。

それが、**「ほうれんそうによる管理」**です。

ほうれんそうとは、報告・連絡・相談です。

ここでは、報告と連絡について見ていきます（「相談」については取り扱い注意なので後述します）。

昨今の流行では、ほうれんそうは不要で「部下たちが自主的に行動すること」がもてはやされています。

しかし、その方法では、「成長する人はどんどん成長し、ダメな人はずっとダメなままで放置する」という事態を引き起こします。

識学の考えには、「実行すれば全員が成長できる」が前提にあります。

その上で、ほうれんそうは有効な方法だと考えます。

なかなか結果が出ない部下には、「**ほうれんそうによる管理の回数を増やす**」という方法をとります。

結果が出てきたら徐々に回数を減らしていくのが正攻法です。

部下がストレスを感じる「ほうれんそう」とは

「姿勢のルール」と同様に、ほうれんそうと聞くと、「面倒くさそう」「不自由だ」という反発が起こります。

たしかに、報告や連絡をするたびに「全然できていないじゃないか」「何をやっているんだ」と怒られていたら、ストレスを生みます。

ミスを隠したり、失敗の報告が遅れてしまうでしょう。

報告や連絡の滞りは、組織の成長を止めることにもつながります。

反対に、**報告のたびに喜びすぎるのもNGです**。

「すごいじゃないか」「やればできるな」などと大げさに褒めてしまうと、部下は自分がすごいことをやっていると勘違いをします。

「あたりまえ」の基準が下がってしまいます。

大事なのは、「**機械的なほうれんそうをさせる**」ということです。

ここでも、「仮面をかぶる」というイメージで接するのが大事なのです。


ある会計事務所のリーダーは、こんな悩みを抱えていました。

「難しい案件は部下に任せることができないんです。すべて自分で引き受けてしまい、手が回りません……」

「自分がやったほうが早い」と思ってしまうのは、若手リーダーのあるあるです。

そして、いざ部下に仕事を振っても、進捗《しんちょく》が気になり、細かく確認してしまい、全体のスピードが下がってしまうと言います。

そこで、**「部下が定期的に、1日3回、報告をする」**というルールを設定しました。

上司のほうから声をかけるのではなく、部下から報告させることを徹底したのです。

すると、管理の時間が大幅に短縮でき、部下も締め切りの時間を意識して業務をこなすようになったそうです。

部下から見ると、ほうれんそうは億劫《おっくう》になることがあります。

「できていないと怒られるんじゃないか」
「褒められるときだけ報告したい」

というように、感情が絡んだ「見えないハードル」があります。スムーズに「ほうれんそう」をさせるためには、その場で褒めたり叱ったりせず、**「機械的に事実だけを聞く」**というリーダーの態度が必要です。

報告したことに対して、「もっとやれよ」「いいじゃないか」と感情的な評価をしてしまうと、誰だって報告も連絡もしなくなります。

ほうれんそうの詳しい実践方法は、本章の最後に紹介します（P141）。

「寄り添ってほしい」という誇大妄想

逆に、上司から部下に確認するような状況はNGです。

先ほどの「自分がやったほうが早い」と思っていたリーダーも、部下の行動を確認しすぎていたことが失敗の原因でした。

今、「1on1（ワンオンワン）」ミーティングという手法がもてはやされています。

これは、部下に対して、「最近はどんな調子か」「何か困っていることはないか」と、カウンセラーのように丁寧にヒアリングし、モチベーションを引き出していくマネジメント法です。

ここまで読んできた人ならわかると思いますが、１ｏｎ１は、「位置」を間違えたダメな方法です。

あるサロンのマネジャーも、１ｏｎ１のせいで伸び悩んでいた経験を持っています。

部下の声を聞くことを重視し、毎日のように現場の言い分を聞いていました。

マネジャーの役割である「店舗売上目標達成の管理」と「部下の成長」が見えておらず、**部下に寄り添うことが、マネジャーとして求められている役割だと勘違いしていた**のです。

「部下はきっと寄り添ってほしいはずだ」

そういうリーダーの誤解は、非常にやっかいです。

なぜなら、悪気がなくてよかれと思っているからです。

しかし、自分が部下だったときのことを思い出してください。**寄り添うことなんて、**

求めていなかったはずです。

できなかったときの言い訳を聞いてほしいから、「話を聞いてくれるリーダーが求められてしまう」のです。

つまり、**寄り添うリーダーが、成長の止まっている状態を正当化してしまいます。**

リーダーがそのことに早く気づけば、もっと早く部下たちは結果を出しはじめます。

部下に確認するのは、あくまで「情報を吸い上げる」という行為だけです。

「報告・連絡」と「相談」は異なる

ここまで、ほうれんそうの重要性を述べました。

ただ、**「相談」に関しては要注意です。**

先ほどのサロンのマネジャーは、相談に乗ってばかりいたことが、成長を止めていた原因でした。

上司が相談に乗っていいことは、次の2つです。

1つめは、「**部下の権限では決められないこと**」を決めるとき。

2つめは、「**部下が自分で決めていい範囲なのかどうか**」を迷ったときです。


1つめは、たとえば部下が持っている予算以上の施策を実施したいときの相談です。

2つめは、たとえばお客さんへのクレーム対応の際に、「上司を出せ」と言われたとします。現場対応の判断は、すべて部下に任せたとしても、自分の上司を動かす権限があるかどうか迷うことになるでしょう。その際の相談は受けて、自分が出るかどうかの判断をします。


相談に乗ってはいけないのは、**明らかに部下の権限で決めることができる内容**です。

「このお客様には、どのような提案をすればいいでしょうか?」と聞かれたとします。

このときに、「こうすればいいんじゃない?」と言ってしまうと、部下の責任は、「上司の言うとおりに提案すること」に切り替わってしまいます。

「それは、あなたが決めることだから、あなたがお客様にとって一番いいと思う提案をしてください」と突き返してください。必要以上に相談に乗ることは、部下の責任範囲を狭くし、言い訳できる環境を作ることになるのです。

「これパワハラ？」問題を乗り越える

第1章では「ルール設定」、第2章では「ほうれんそう」の方法を紹介しました。
それでも心理的なハードルがある人がいるでしょう。
その背景には、「パワハラ問題」が潜んでいるはずです。

「ちょっとでもキツく言ったら、パワハラになるのではないか？」
「部下に気を使わない上司は、パワハラ上司かもしれない……」

そんな心配をしている人がたくさんいるでしょう。

もちろん高圧的な態度や理不尽を押し付けることは絶対にやってはいけません。

しかし、パワハラになることに怯《おび》えるあまり、「部下に指示ができない」「すべて自分で背負いこんでしまう」ことになるのは、問題です。

部下と「友達関係」になっていないか

じつは、識学の考え方を徹底的に実践してもらうと、パワハラは起こりません。

ここまで何度も伝えているとおり、感情を脇に置いて「ルール」で管理し、「位置」によるコミュニケーションをするからです。

ルールの設定と運営だけでは、感情が入り込む余地がありません。

自分が人間として上に立つことで、部下は言うことを聞くと勘違いしているからマウントを取ろうとするのです。

自分のほうが強くないといけないと思うから、部下を威圧してしまいます。

あるいは、自分のほうが仕事について詳しくないといけないと思うから、部下の無知に対して必要以上の指摘をしてしまうのです。

上司と部下は、あくまでも会社のルールで規定された関係です。**ルールで規定されていない友達関係のように、強い人や、詳しい人が力を持つという関係ではないのです。**

ルールがきちんとあって、そのルールに対して「**できていない事実を淡々と指摘する**」ということであれば、パワハラにはなり得ません。

「赤信号だから止まってください」と、ルールに従ってモノを言う分には、感情が入り込む余地はないのです。

赤信号を守らなかったことを指摘したら、「パワハラだ！」と言い返されるなんて逆ギレもいいところです。

仮面をかぶり、堂々と伝えるリーダーになるのです。

「孤独を感じる」ができるリーダーの条件

社長の仕事は、孤独だと言われます。

私自身、孤独です。

ある取材をされたとき、「社員は家族ではないのですか?」と聞かれたので、「社員は機能です」と答えたらドン引きされたことがありました。

しかし、本当にそうです。

私の会社の社内は私語も少なく、他の会社と比べてとても静かだと言われます。整理整頓された空間で、全員が淡々と仕事をしています。

とてもスムーズに業務進行がなされています。

ピラミッド組織では、立場が上にあがればあがるほど、孤独になります。

最初にリーダーになるタイミングでは、その孤独を引き受けられず、つい仲良くすることを優先させてしまいます。

これは、ある飲食工場の部長の話です。

前任の部長から業務の引き継ぎが少なかったことで、部下からいろいろと教えてもらう立場からスタートしました。

すると、つねに部下が部長に対して教えてあげるという感覚が抜けなくなり、上司の指示を聞かなくなってしまいました。

緊張感がなくなり、要するに「ナメられてしまった」のです。

そんな、なあなあの関係をやめるために、部長は部下と距離をとるようにしました。

すると、コミュニケーションが減り、**「最初は寂しく感じた」**と言います。

これは、どの組織の管理職も同じことを口にします。

「寂しい」

この感情を引き受けることが、リーダーの立場では必要です。

その後、業務スピードが向上したことで、その部長は寂しさを気にしなくなっていきました。

学校ではなく「塾」を目指せ

さて、こうした「寂しさ」を感じる原因はなんでしょうか。

それは、「学生気分」にあると思います。

多くの人は、高校や大学を卒業して、就職活動をして、いまの会社に勤めていることでしょう。

つまり、**学校生活の延長線上に会社生活があるのです**。

入社1年目や新人の頃は、同期も横並びで学生気分で乗り切れたでしょう。うるさい上司は学校の先生のように見え、同期同士でグチを言ってガス抜きをしてきたかもしれません。

しかし、**いざあなたが責任のある立場を任されると、一気に学生気分ではやっていけなくなります**。

そこで感じるのが、先ほどの「寂しさ」です。

ここで考えてほしいのは、学校ではなく学習塾です。

楽しい学校の先生と、厳しい塾の先生をイメージしてください。

楽しいけれど緊張感がなくて、志望校に落ちるのか。厳しいけれど緊張感に溢れ、志望校に受かるのか。

その2つを選べると思ってみてください。

私の考えでは、会社は厳しい塾に近いです。

「最近、部下から食事や飲みに誘われなくなったな」

そう感じるなら、それはあなたが優れたリーダーになったサインです。私自身も、社員とは飲みに行きません。


ちなみに、他の会社の社長同士で会食することはあります。

同じ立場で同じ景色についての話ができるからです。

リーダーになったなら、そういう「切り替え」も必要でしょう。

みなさんには、寂しさから逃げて楽しい学校生活にするのではなく、厳しくても結果を出すリーダーになってもらいたいのです。

リモートによって「あいた距離」を維持しよう

2020年以降、新型コロナウイルス感染拡大防止に伴い、リモートワークが普及し、リーダーとメンバーは強制的に距離をとることが増えました。ムダな会議が減ったり、モチベーション管理をしなくなったり、飲み会が減ったりなど、さまざまなメリットが生まれました。

それにより、識学の力が発揮されました。

「リーダーの仮面」の本質は、上司と部下が適度な距離を保ち、感情が生じないようにすることにあります。

つまり、**リモートワークと識学のマネジメント法は相性がよい**のです。

こうして世の中が変わり、風穴が開いたのだから、ダメな組織は一気に変わるチャンスです。

繰り返しになりますが、リーダーが部下と距離を置くのは、「平等性」を保つためです。

「この組織は平等だ」という意識を全員が共有していることが大切です。

厳密な意味で「平等を保つ」というのはとても難しいことです。

ただ、私も前の会社でそうだったのですが、部下との距離が近いと、平等にしているつもりでも「なんか、あの人にえこひいきしているんじゃないか」といった印象を持たれやすくなります。

お互いの距離が近いと、ちょっとした差が大きなものに感じます。

たとえば、新幹線で隣り合わせた人に、間の「手すり」を使われると、イラッとするはずです。

1メートルしか離れていなかったら、10センチの差ですら「大きな差」に感じます。

100メートルも離れていれば、10センチの差は「誤差」になります。

日本人は、南米大陸やアフリカ大陸の国際問題には無関心でも、韓国や中国など、隣国の問題には感情がむき出しになってしまいます。

会社でも同じです。

だから、部下とはできるだけ距離をあけたほうがいいのです。

小集団をつくってしまう「残念なリーダー」

距離が近いことは、こんな弊害を引き起こします。


これは、ある販売会社のリーダーの話です。

そのリーダーは、日頃からよく社長の指示に反発していました。

そこで彼がとった行動は、部下たちを味方につけて「小集団」を形成し、自分たちだけのやり方で勝手に仕事を進めることでした。

社長を敵とみなしたことで、明らかに組織が分断してしまったのです。

このようなリーダーは、よく現れます。

80ページで説明したような、組織の枠を外れてしまっている人が、その後、出世して権限を持ってしまうと、上に反発しながら仲間を増やすような態度を示します。

「自分たちを納得させないと、会社を辞めるぞ」

ということを言い出す人もいます。たまに派閥に分かれて、会社が分社化したりすることがありますが、内部では、こんなことが起こっていたのです。

社長の指示に従わないような管理職は、本来なら降格されるべきです。

本書は、社長向けのマネジメント法ではないので、会社全体のマネジメントについては割愛しますが、リーダーになった以上、上の指示に従いつつ、部下たちをマネジメントする責任があります。

その「位置」にいることを自覚しなくてはいけません。

先ほどのリーダーは、辞めることをチラつかせながら社長をコントロールしようとしました。

その上司である社長が、それに従ってしまうと、位置のズレが起こります。

社長がとるべき態度は、毅然と「嫌なら辞めてもらっても構わない。ただし残るのであれば、私の決めたルールには従ってもらう」ということを伝えるだけです。

識学を導入し、社長の意識を変え、「軸」をブレさせないようにしました。

すると、最終的には、そのリーダーも退職を考え直し、ルールを守るように変化したそうです。

もし、社長がリーダーの言いなりになってしまって、言うことを聞いてしまったら、他の社員はどう思うでしょうか。

「言ったもの勝ち」になった瞬間、その会社は組織として終わります。

それぞれの「位置」を確かめることは、それほど大きなピンチからも組織を救う行為なのです。

「飲みニケーション」は完全に終わった

「あとで飲みに誘って指導しよう」

「2人でメシに行って本音を聞き出そう」


そんなマネジメントは、コロナ以降、失われたと思ってください。

業務中に指摘すべきことは、業務中に指摘する。当たり前のことです。

そのためにも、意識的に距離をあけましょう。

世間には「言い訳を聞いてあげるのがいい上司だ」という風潮があります。

上司が部下に対して「わかるわかる。気持ちはわかるけどさ。頑張っていこうよ」みたいに言ってしまう。そういう状況はマズいのです。


すでにこれまで仲良くやってきてしまった人も、まず距離を置くことです。

もし急に距離を置くことに躊躇するのであれば、一度素直に説明してみてもいいでしょう。

「このチームをどのチームよりも強くしたいし、みんなにもどこの部下よりも成長してほしいから、今日からやり方を変えます」と宣言するのも有効です。

そう説明しておけば、「ちょっと、飲みに行きましょうよ」「ランチ行きましょう」と誘われても「やり方を変えた」と言って断れるはずです。

ちなみに、私の会社では忘年会もやりません。

年内最終日の終業のタイミングで、ちょっと缶ビールを開けるぐらいのことはしていますが、みんなで騒ぐようなことは一切ありません。

リーダーには、「割り切り」も大事になってくる場面があるのです。

「あの人、最近ちょっと冷たくなったよね」

そんな噂が聞こえてきたら、おめでとうございます。

リーダーにふさわしい振る舞いになった証です。

第2章の実践

「正しいほうれんそう」をやってみる

第2章では、部下に「位置」を確認させるための、ほうれんそうのメリットをお伝えしました。具体的に、どんな場面でやるのかを説明しましょう。

たとえば、次のような仕事を任せるケースを考えましょう。

・部下に得意先を1日3件、回ってほしい

さて、どのように仕事を任せればいいでしょうか。

まず、「お願い」にならないように気をつけるのがポイントでした。

×「もし行けたらで構わないので、3件の得意先を回ってくれないかな」

×「今日は3件の得意先を回れるかな。終わったらコーヒーご馳走するから」

このように、相手に決めさせる言い方や、やる気を上げようとする行為はNGです。

○「1日で3件の得意先を回ってください」

と、言い切ることを意識して仕事を任せましょう。

そして、同時に「締め切り」を設定して、あとで報告させます。

○「それについて、できたかどうか、17時までに報告してください」

このように、事前に決めておきます。

1日が終わったけど、何も言ってこない。そんな状況をなくすためです。

×「で、どうだった？」

と、上司から確認するような状態にしないのが大事です。

「普通、終わったら報告するのが常識だろ」などと、叱るのもＮＧです。

最初に仕事の任せ方とゴールを言語化していないリーダーの責任です。

下から報告が上がってくるように、指示しておきましょう。

次に、部下から次のように報告があったとします。

「2件しか回れませんでした」

このように、できなかったとき、どのように評価すべきでしょうか。

×「なんでできなかったんだ」

×「ダメじゃないか」

と、感情による評価をしてはいけません。
正しくは、

○「未達ですね。次からはどうしますか？」

という評価をしましょう。
できていない事実をただ指摘するイメージです。
また、ここで具体的に次の行動を改善させるのですが、それは第4章で説明しましょう。ここでは、報告と評価についてのみ押さえておきます。

次に、部下が達成したパターンです。

「3件、回りました」

と、うまくいった報告があったときも、

×「やればできるじゃないか」

×「すごいな」

というように、オーバーに褒める必要はありません。

○「達成ですね。お疲れさまでした」

と、こちらも結果だけを受け止めます。

褒められると「あたりまえ」の基準が下がります。目標を達成しただけなのに偉業を成し遂げたと勘違いします。

それだけでなく、次からは褒めてくれないと頑張らなくなります。

褒めるのは、期待を大きく上回ったときだけにしましょう。

このように感情によらないほうれんそうをしておくと、チーム全体の仕事のスピードが増していきます。

すぐ動く、すぐ報告する、すぐ考える、すぐ修正する。

そうやって部下の成長スピードが速まるのです。


以上が、お互いの「位置」を間違えないほうれんそうのやり方です。

その回数を重ねていくことで、「位置」がズレることをなくしていきます。


とはいえ、初めはこのようにスムーズにはいかないと思います。

特に、部下が「未達」だったときには、言い訳を考えたり、改善点を考えなかったりというようなことが起こります。

そうならないためのとっておきの方法を、次の第3章で説明しましょう。

第3章

大きなマンモスを狩りに行かせる

――「利益」の思考法

「ついていきたい」と思われたい。その感情こそが、諸悪の根源です。
人は、「メリットを感じたとき」に利益についていくものです。
「いい人なんだけど、この人についていっても成長できなそうだな……」
そう思われてしまうと、途端に部下たちは離れていきます。
リーダーがすべきことは、部下たちを「組織の利益」に向かわせることです。
大きなマンモスの肉が「組織の利益」であることを認識させ、
そこから「個人の利益」が発生する。それが正しい順番です。
そんな世の中の仕組みに則って、リーダーの言動を正していきましょう。

部下の「タテマエ」を本気にするな

人間は何を基準に動くのでしょうか。

行動のきっかけはなんでしょうか。

「楽しいから動く」「気持ちがいいから動く」「安心するから動く」……。いろいろな行動のきっかけがあると思います。

ただ、突きつめると、行動のきっかけは1つだけです。

それは、「**自分に利益があるかどうか**」です。

人は自分に利益があると判断したときに動きます。意識的にも無意識的にも、利益があるかどうかを基準にしています。

人間とは、そもそもそういう生き物です。

利益があれば動く。それだけです。

逆に、**利益が減ることには「恐怖」を感じます**。利益が減ると思えば、減らない方向へと行動をとるはずです。

「言行一致していない」が大前提

「リーダーについていきたいかどうか」も、すべて「自分にとって利益があるかどうか」で決まります。

部下がそのリーダーの下にいることが自分にとって「利益」だと判断すれば、「ついていきたい」となります。

「利益にならない」と思えば、いい人であっても、ついていきません。

本当についていきたいと思われるリーダーは、「**利益をもたらしてくれる人**」です。

仕事に厳しくても、「数年後には成長できるはずだ」と、利益を感じさせることが大事です。

部下は、友達や恋人を探しに会社に来ているわけではありません。

ビジネスをしに、稼ぐために来ているのです。

もしかしたら、部下は口では、

「楽しく働ければ、それだけで満足です」

「ラクに働ければ、成長しなくてもいいです」


と言うかもしれません。

しかし、**その言葉を真に受けてしまっては、リーダー失格です**。

本当に楽しいことをやりたいだけなのであれば、それはプライベートで友達や恋人と遊んで楽しんでいるはずです。

「ラクに働けるほうがいい」と本心で思っているだけなのであれば、責任の少ないフリーダーなどの働き方をしているはずです。

つまり、どちらもリーダーが考えるべき問題ではありません。

それに、部下も本心では「楽しいだけじゃダメ」「ラクなだけじゃダメ」とわかっているはずです。


人は、つねに言行一致しているわけではありません。

本音と建前があります。

リーダーの仮面も、まさに建前を利用したマネジメント方法です。

組織に所属している以上、本心では「成長意欲があること」を前提にリーダーはマネジメントし、部下を「使えない社畜」にしないようにすべきです。

仮面をかぶり、「利益が何か」を見極めましょう。

どこまで行っても「組織あっての個人」

いまの世の中は、「フリーランスになろう」「副業をやろう」「会社をうまく利用して、個人のスキルアップをしよう」という流れがあります。

「会社に使われるのではなく、会社を使おう」という考え方を勧めているインフルエンサーもいます。

しかし、私は、**「会社にうまく使われる」ことを意識したほうが成長は早い**と考えています。

どこまで行っても、「組織あっての個人」だという考え方です。

どんなに優秀な人でも会社員である限り、外からは「A社の○○さん」というように、所属する組織とセットで認識されます。

個の力、個の存在だけで生き抜いていける人は、ごくわずかです。

ほぼすべての人は「組織やコミュニティに貢献できているかどうか」によって対価を獲得する存在です。

独立して社会から評価を得る仕組みも、組織の中で上司から評価を得る仕組みも、本質的には一緒です。

会社で評価されない人が、社会から評価されることなんて、滅多にありません。

会社を飛び出して自力で社会から評価を得るほうが、難易度は上がります。

独立して1人でやっていく。

会社のトップとしてやっていく。

それは、市場からの評価をダイレクトに獲得する存在になるということです。

より大きな「社会」というコミュニティに認められるのは、高度なことです。

会社員であれ、個人商店であれ、「社会の一員として」成果を上げていかないといけません。

だから、「個人」と「組織」は本来、分けられるものではありません。

「組織の中の個人」「組織あっての個人」があるだけです。

独立して成功できる人は、組織でもやっていける人です。

その順番を間違えないようにしましょう。

大きなマンモスを山分けしよう

そもそも、人間が集団をつくる理由はなんでしょうか。

それは、**集団でものごとを成したほうが、得られる成果が大きくなるからです。**

いつの間にか、終身雇用や年功序列があることが、組織のメリットのようになっていますが、いずれも二次的なものです。

雇用を安全に守ってもらえることだけが組織のメリットではないのです。

集団だからこそ、成し得ることがあります。

大きなものを動かしたり、大きな利益を獲得しようとしたときに、人は集団をつくります。

はるか昔、人間は集団をつくり、みんなで狩りをすることでマンモスも狩れるようになりました。

1人1人が小動物を狩るのではなく、自分たちよりずっと大きいマンモスを狩り、その肉を山分けするようになれたのです。

集団で大きな利益を獲得し、獲得した利益を分配する。

そうすることで、個々の人間が1人ずつ取り組むよりも、結果的に多くの利益、分配を獲得することができます。

メンバーが適切に動けば利益は最大化します。利益を最大化するための方法が集団で動くということです。

大企業になればなるほど給料が高くなるのも、そういう訳があります。

大きい獲物を狩ると、個人の分け前が増える。それが正しい順番です。

利益を目指せば「迷子」にならない

「組織のメリットは仲間との結束感だ」と言う人もいます。もちろんそういう面もあるでしょうが、それは副次的な利益です。

マンモスを狩った集団は、まさに同じ釜のメシを食べることになり、結果的に仲良くなったことでしょう。

肉が先にあり、仲間意識は、おまけでついてきます。

昭和の時代や高度経済成長の頃は、日本の成長が信じられました。

つまり、疑問を持たずにマンモスと対峙できたのです。

いまは、将来の不確定要素があまりにも多すぎて、組織での成長を信じられなくなっています。

日本中、全員が迷いながら仕事をしています。

私たち識学が伸びているのには、そんな背景があります。

私たちの元には、「組織の利益より社員のモチベーションを上げることも優先すべきだ」などの考えを教えられてきて、迷子になっている経営者がたくさんやってきます。

そうやってモチベーションマネジメントを推奨しているコンサルティング会社が多いのです。

しかし、それによって立ち行かなくなって、私たち識学に駆け込んできます。

識学では、**全員を「組織の利益」に向かせるための仕組み**を教えています。

利益を最大化させ、全員の取り分を増やします。

そして、現場レベルでメンバーをマンモスに向かわせるのが、リーダーの役割なのです。

「集団の利益」から「個人の利益」が生まれる

もう少し、「利益」について話しておきます。

ここまで述べてきたことからもわかるとおり、リーダーの仮面には、「個のルールに集団が合わせる」という考え方はありません。

集団のルールの中で、個人が自分らしさを発揮する。これならOKです。

しかし、「個人が自分を主張し、それに集団が合わせていくべきだ」という勘違いをしている人が多くいます。

その代表例が、第2章の136ページで紹介した、小集団を作って会社に反発するリーダーでした。

本来は、先に「集団の利益アップ」があり、そのあとに「個人の利益アップ」がある。これが正しい順番です。

「私は、集団の利益アップのために、どんな貢献ができているだろう？」と、自問自答してみてください。

もし、答えが何も浮かばないようなら、自分のことばかりを考えているのかもしれません。

そんな人は、まわりからもそういう評価を受けているはずです。

組織ファーストで上に情報をあげよう

初めてリーダーになるタイミングは、初めて組織のことを考えるタイミングです。

それは、「自分の利益」以外のことを考えるということです。

いいリーダー、ダメなリーダーの分岐点は、ここでの考え方で決まります。

1人の部下に好かれるかどうかではなく、**チーム全体のパフォーマンスに視点を置いているかどうか**。

そう考えると、「社員のモチベーションを上げよう」「感情的なつながりを強くしよう」という方法が間違っていることに気づけるはずです。

たとえ部下の人数が2~3人であったとしても、組織のトップに立つことには変わりありません。そこで考えるべきことは、「**会社の利益のために働く**」ためには何をすべきかということです。

たとえば、経営者たちが気づいていない情報は、積極的に上にあげるべきです。

「他社から新しいサービスが出て、顧客が奪われています」

「今の業務量では、どうしても1日3時間以上の残業が必要です」

など、会社のためになる情報を提供していくことが求められます。

しかし、「組織の利益」を考えないリーダーは、次のような言動をします。

「最近、残業が多すぎるよな。**本当にダメな会社だよな**」

「**うちのサービスは全然よくないよな**。他社はあんなに素晴らしいのに」

このような発言をして、部下たちから人気をとろうとしてしまうのです。

リーダーの考え方次第で、「組織の利益」を増やす機会が失われてしまいます。

だからこそ、リーダーはまず「組織の利益」を考え、自らの言動を正していくべきなのです。

利益相反を起こさない「2つの軸」

本書が対象としているリーダーは、「葛藤」を抱えることがあると思います。

現場の部下のことを考える一方、上から数字の目標を言い渡される中間管理職だからです。そこで板挟みになってしまい、消耗していくリーダーが後を絶ちません。

そんなときに考えてもらいたいのが、次の自問自答です。


「これって、利益相反を起こしていないか？」


つまり、個人と会社が「利益相反」を起こしていないかどうかだけを見るのです。

個人が追求することで会社が利益を得るもの。それは、「成長」しかありません。

個人が成長という「利益」を得ることができるのは、会社の成長に貢献できているからです。**「成長」という利益を追い求める限り、会社と利益相反を起こさず、永遠に利益を得続けることが可能です。**

一方、「仲間と楽しく働きたい」「充実した福利厚生がほしい」などの部下が求める利益は、ときに、会社と利益相反を起こします。会社と利益相反を起こす利益を与え続けることは不可能です。

そんなときこそ、「利益相反を起こしていないか？」を自らに問うてみるのです。

仮面の内側で自分に聞いてみる。すると、いま、やるべきことがブレないはずです。

さて、ここまで、「組織の利益」について述べてきました。

この話は、ヘタをすると大きな誤解を生みます。


「個人を蔑《ないがし》ろにしている！」

「そうやって組織が個人を潰していくんだ！」


などと拒否反応を示されるおそれがあります。だからこそ、マンモスの例を用いて、個人と組織の関係について丁寧に説明してきました。

「組織のために個人をなくせ」とは言っていません。

「組織のために働いたことが、個人の利益につながっていく」だけです。

その「切っても切れない関係性」について解説したつもりです。

初めてリーダーになるあなたが、考え方をアップデートすることを期待しています。

リーダーは「恐怖」の感情を逆に利用する

逆に、利益を失うときに感じるのが、「恐怖」です。

識学では、「恐怖」の感情についてもマネジメントに取り入れるようにしています。

なぜなら、人が生きていく上で「恐怖」は大事だと考えているからです。

人は、事故や災害が起こると、恐怖を感じてそれを回避するように行動します。**恐怖は、死を避けるための大切なシグナルです。**

恐怖を正しく認識し、恐怖を回避するような行動をすれば、人間は生きていけます。

「いま自分は、何を『恐怖』として感じているのか？」

ぜひ、一度それを考えてみてください。
そして、感じなければいけない恐怖の種類を間違えていないかを確認しましょう。

たとえば、課長が自分の身を守ろうと思ったら、**「課の成果が上がらないこと」に恐怖を感じなければいけません**。

「この瞬間に部下から嫌われる恐怖」が優先されているのなら、それは錯覚です。

「今日は機嫌が悪そうだから仕事を振るのはやめよう」
「タイミングが悪そうだから、報告はやめておこう」

というように、目の前のことに恐怖を感じてしまうのは間違いです。
ここで考えるべきなのが、先ほど説明した「組織の利益」です。
「組織の利益」が減ることに対して恐怖を感じているのであれば、問題ありません。

しかし、そうではなく、「自分がこの瞬間、嫌な気持ちになること」に対して恐怖を感じていたとしたら、リーダーとしてNGです。

その判断軸として、「何に恐怖を感じているか」を自らに問うようにしてください。

危機感のある人、感じない人

10年後、会社が潰れたとしたら、自分は他でもやっていけるだろうか。

これからの時代は、そんな「恐怖」も感じることでしょう。

「このままじゃダメだ」という危機感があり、それを現在いるところで乗り越えようとすると、「成長」につながります。

率先して勉強したり、業務を改善したりして、**自分で考えるようになる**からです。

自らもリーダーとして、そのように考えるべきだし、部下にもそういう機会を与え続けるのが、いいリーダーの姿です。

それを生み出すのが、「**いい緊張感**」です。


「どう振る舞っても、何も言われない」

「目標を達成しなくても、何も言われない」


そんな優しいリーダーの下では、「いい緊張感」が生まれません。

部下が成長せず、チームとして成果が出せなければ、リーダーは評価されず、いずれは会社から必要とされなくなるでしょう。

食いっぱぐれる危険性は、こちらのほうが大きいのです。

だからと言って、「恐怖政治をやれ」とは言いません。怖い顔をしたり、言い方を強める必要はありません。

あくまで、「いい緊張感」です。

詳しくは第4章で書きますが、個人の目標は、いまできることの「少し上」に設定すべきです。

そうすることで、いまとの「差」が生まれ、それを埋めようと努力します。

そうして目標をクリアしたら、また「少し上」に設定する。その繰り返しです。

適度な「負荷」で
より遠くまで導いていく

そうやって適度な負荷を与え続けることが、リーダーの役目です。

まったく無理な目標であれば、最初から諦めてしまいますが、**ちょっと頑張れば届きそうだと思えば、人は力を出します**。

たとえば、筋トレやマラソンは、初日に頑張りすぎてしまうと、体を痛めて続かなくなります。

「もうちょっと頑張れば、まだできそうだけど、ここでやめとこう」

そう思える限界の手前までを、毎日続けることが、継続のコツです。そして筋力がつき重いものを持ち上げられたり、より長い距離を走れるようになります。

仕事も同じです。

長期的に成長していくためには、「もうちょっと、もうちょっと」を日々、積み重ねることです。そのための「いい緊張感」をつくるのが、リーダーの仕事であり、リーダーの仮面の力です。

ちなみに、長く大企業にいる人のほうが、「間違った恐怖」を抱きがちです。

そう簡単には潰れない大企業に勤めている人は、社内の人間関係を気にしがちです。

逆に、いつ潰れてもおかしくないような会社では、「社員の仲がいいかどうか」は気にしません。

ヘタに安心感があり、ぬるま湯の中にいる人ほど、まわりと仲よくやっていないことに、つい「恐怖」を感じてしまうのです。

しかし、それは本来、感じる必要のない怖さであり、もっと未来に恐るべき「恐怖」があることを認識しておかなければいけません。

事実だけを拾い、「言い訳の余地」をなくしていく

そろそろ、本章でのリーダーがやるべきことを提示しておきましょう。
「いい緊張感」を醸成していくためのマネジメント法。
それは、**「言い訳をなくしていくコミュニケーション」**です。

第2章の実践では、淡々と事実を確認する「ほうれんそう」を紹介しました。
部下から報告・連絡をさせるようにあらかじめ指示し、事実を確認するようにコミュニケーションすべきだと説明しました。

そのときに、部下は「未達だったときに言い訳を考える」と前置きをしました。

どうでしょう。

あなた自身の、社会人1年目の頃を思い出してください。

よく「言い訳」を添えて報告・連絡をしていたのではないでしょうか。

今度は、リーダーとして、その言い訳と対峙する番です。

曖昧な言動を「数字」に置き換える

これは、あるメンテナンス会社の課長の話です。

社会人2年目の部下が、伸び悩んでいました。

アドバイスをしてやり方を改善しようとしても、あれこれと言い訳をされて、逃げられることが多かったそうです。

「先週は全然ダメで、受注が取れませんでした。ほとんどのお客さんが、コロナの影響で業績が悪化していて、『いまは見送りたい』と言っています」

このような報告が上がってきたときに、以前は次のように評価していたそうです。

「そうか。いまはコロナだから仕方ないな。次はもっと頑張れよ」

これでは、何も改善されません。

そこで、部下の報告をちゃんと聞きつつ、**その中から「事実」だけを拾うようにしたのです。**

「『ほとんど』と言ったけれど、それは何件中の何件の人が言っていますか?」

そうやって事実を確認してみると、お客さん全員が、コロナを理由にしているわけではないことに気づきました。

淡々と事実を拾っていくと、部下は次第に自分の責任を自覚していきました。

そうして、指摘した点に対して改善行動が見られるようになっていったそうです。

このように、言い訳に逃げて現状を変えようとしない部下には、ちゃんと詰めていく必要があります。

「詰める」と言うと誤解されてしまいますが、**あくまで淡々と事実を確認していくだけです**。

「ダメじゃないか」「何やっているんだ」とキツく追い詰めるわけではありません。

「一定のテンション」を保っているか

もう1つ、例を紹介しましょう。

ある製造業の課長の話です。

部下は社会人4年目の若手でした。

4年目になっても遅刻が多く、なかなか仕事に身が入らないようで、率先して学ぶこともなかったようです。

その課長は、たまにしか遅刻について指導していませんでした。何度も言うと、「うるさい」と思われてしまって辞めるんじゃないかと心配だったからです。

そして毎日、やることを指示して、どれだけやったかは常に現場で見て確認するだけでした。

すると、どうなったでしょう。

遅刻については、指摘された直後の1週間くらいは時間通りに来るものの、翌週からはまた遅刻が続く。

仕事についても、課長が見ているときは頑張り、いなくなったら手を抜くようになったのです。

つまり、「**言われたときだけ頑張ればいい**」という態度だったのです。

そこで、識学の考え方を導入し、やり方を変えるようにしました。

遅刻は「姿勢のルール」なので、どう思われようと、遅刻したときは必ず指摘する。

日々の業務は、日報と直接の報告をさせるようにする。

それらを徹底しました。

初めは、報告するときも「言い訳」が多かったようです。

しかし、できなかった理由を考えさせ、次からはどうするかを毎回チェックすることで、次第に行動に変化が見られるようになりました。

いまでは、昔とは別人のようで、遅刻することもなくなり、戦力となってくれているそうです。


ここから学べるのは、「たまに思い出したかのように詰めるだけでは意味がない」ということです。

言うときと言わないときとでムラがあると、言われたときだけ頑張ろうとします。

常に一定のテンションを保つことが、リーダーには求められます。

そうしないと、「機嫌がいいときはゆるく、機嫌が悪いときは口うるさい」などと思われてしまうでしょう。

「自分の価値観」は押し付けても意味がない

ここまで、言い訳の余地をなくしていくコミュニケーションについて、説明してきました。

さらに具体的な方法は、後半の実践で紹介します（P187）。

ただし、もう1点、覚えておいてほしいことがあります。

それは、部下に指摘するときに、**「頑張る理由を用意しない」**ということです。

なぜなら、上司からの指示を実行するのは「あたりまえ」であり、理由はいらないからです。

よくある失敗は、仕事の意味や価値を伝えることです。

「お客さまの笑顔をイメージしたら頑張れるでしょう」

「世の中に対して大きな価値を生み出しているんだから頑張らないと」

など、仕事の価値観を伝えて心を動かそうとする行為です。

これは、逆効果です。

もちろん、中にはピンときて心を動かされることもあるでしょう。しかし、そんなことはマレです。

多くの部下は、「何を言っているんだろう？」で終わります。

最悪の場合、「自分は上司とは違う価値観だから、頑張らないでおこう」と、言い訳の材料にされることもあります。


仕事の意味や価値観は、「自分自身」で見つけるものです。

人から押し付けられるものではありません。

優秀なプレーヤーだったリーダーは、おそらく「自分なりの価値観・仕事観」を持っていることでしょう。

だから、それを部下にも伝えようとしてしまいます。

でも、伝わらない。

「なぜ、こんなに伝わらないんだろう……」と疲れ果ててしまう中間管理職はとても多いです。

もちろん、部下のほうから、「働く上でどんなことを大事にしていますか？」と聞いてくることはあるかもしれません。

そんなときは、**その部下も「成長したい」「背中を押してもらいたい」という聞くモードが整っている**ので、自分の価値観を話せばいいと思います。

しかし、日々の業務やフィードバックにおいて、価値観を話すようなことはあってはならないのです。

個人的な想いを横に置いて、事実に基づいて行わなければいけません。

人間としての説教をしたくなる気持ちをグッとこらえるのも、仮面の役割のひとつです。どうか気をつけるようにしてください。

健全なる「競争状態」をつくる

「ルール」「位置」に加えて、「利益（恐怖）」について説明してきました。

ここまでの内容をやってもらえば、「いい緊張感」が生まれ、次の段階に移っていけると思います。

それが、適切な「競争状態をつくる」ことです。

人の成長を考えたとき、**組織としていちばんよい状態は、「競争が起こっている」という状態です**。

理想的な組織では、健全な競争が起こっています。

もし、競争という言葉がイヤであれば、「切磋琢磨」と言い替えてもいいでしょう。

どんな業界にいても、資本主義の下、競合他社と争うことは、もちろん避けられません。

しかし、**本当に強い会社では、その会社内で競争が起こっている**ことがほとんどです。

たとえば、メーカーであれば、社内に一番の主力商品があるはずです。

その主力商品の売上を追い抜こうと、他の部署が切磋琢磨しているのか。

それとも、主力商品が売上をあげているから会社は安泰だと思い、他の部署はのんびり仕事しているのか。

この2つでは、近い将来、ものすごい差が生まれるでしょう。

だからこそ、リーダーは、健全な競争が生まれるようにしていかなければいけません。

もちろん、社長の考えもあるでしょうが、**部下たちを数人まとめているのであれば、そこでの競争が生まれること**が望ましいです。

「位置について、よーいドン！」をやろう

ここでは、50メートル走を例にとって説明しましょう。

たとえば、全員が同じスタート地点に立ち、50メートル先をゴールとします。

そこで、「位置について、よーいドン！」と言えば、競争が始まります。

「位置について」の「位置」は、まさに第2章で語ってきた内容です。

部下たちが不平等感なく、フェアな状態にあること。それが、「位置について」です。

また、50メートル走にも「ルール」は必要です。

「自転車や車を使わず、自分の足で走ること」

「最後のテープは胸で切ること」

など、全員が守るべきルールが存在します。

考えてみれば、すべてのスポーツには「ルール」があり、「フェア」な立場でプレーしています。

なのに、会社においてはそれが明確になっておらず、リーダーである監督はアンフェアな判断をしていることが往々にしてあります。

それを正していく。つまり、**「仕事」を限りなく「スポーツ」に近づけていく**のが、目指すべきリーダーの役割です。

自分の可愛がっている選手だけに、5メートル短い位置からスタートさせたり、とっておきのスパイクをプレゼントしたりすることが、果たして許されるでしょうか。

そんな非常識なマネジメントが、会社組織ではおこなわれてしまっているのです。

競争をできるだけ「可視化」すべき理由

競争をわかりやすくする工夫も大切です。

方法はなんでもいいのです。簡単なのは「可視化」することです。

営業であれば、「**成績を一覧にする**」という方法は効果的です。

「成績を可視化したら、みんながギスギスする」と言う人もいます。

しかし、考えてみてください。

可視化されていなくても、**みんなの心の中には、「自分はいま上から何番目だろう」というように順位を気にする気持ちがあるはずです。**

それなら、いっそ見えるように出してしまったほうがよいのです。

子育てであれば、子どもを可愛がるのに、順番なんて必要ないと思うでしょう。

しかし、会社組織において、他と比較されない「絶対的価値」はないと考えたほうがスムーズです。

「世界に一つだけの花」であろうと、花屋では売れていく順番があります。

つまり、「相対的評価」を受け続けます。

脱サラしてお店を出しても、近くのお店と競争になります。

フリーランスになっても、他のフリーの人と仕事の取り合いになります。

競争から逃れることはできません。

その現実を、メンバー全員に受け入れさせるべきです。


可視化した上で、それでも「人と比べなくてもいい」「自分らしく生きればいい」と考えて生きるのは、個人の自由です。

そこに対して、「最下位じゃないか」「1位を目指せ」と押し付ける必要はありません。

あくまで、**数字としての現実を突きつける姿勢**が、リーダーには必要だと思うのです。まさに仮面の力が発揮される場面でしょう。

堂々と、現実を見る機会を与えましょう。そのほうが、部下にとっても社会を生き抜く力がつくはずですから。

この章では、「組織の利益」にメンバー全員を向かわせる方法を説明しました。**識学の考え方には、「適材適所」という言葉は存在しません。**

それは、組織の中には、最初に「役割」が用意されていて、そこに個人が適応してもらうのが正しい順番だからです。

社員全員が「自分らしさ」を維持したまま、組織がそこに合わせることは、組織の成長を止めます。

これは別に、個人に対して、「性格を変えろ」と言っているのではありません。「見る方向」を変えるだけです。

「組織の利益」の先にある「個人の利益」に視点を向かせる。リーダーの仮面をかぶり、その一点を見据えてください。

第3章の実践

「言い訳スルー」をやってみる

第2章の実践で、部下からの報告や連絡では、「言い訳を考える」という話をしました。

その「言い訳」に対して、リーダーがどのようなコミュニケーションを取るかで、その部下の成長の度合いは変わってきます。

そこで、あえて「言い訳スルー」と名付け、説明していきます。

「気合いが足りませんでした」

「深く反省し、やる気を出していこうと思います」

部下から、このような報告があったときに、リーダーがどう受け止めるかが問われます。

初めに結論を言っておくと、「どう感じているか」は個人の感想です。反省させることが目的ではないので、すべて受け流すようにしてください。

見るべきポイントは、「次にどのような行動をするか」だけです。

具体的に何か行動を変化させない限り、また同じことを繰り返します。

「次は、どうしますか?」
「具体的にどう変えますか?」

と、問い続けてください。

○ **「訪問件数を増やしてみます」**

○「**提案するポイントを絞ってみます**」

など、次の具体的な行動を引き出せるまで、妥協せずに詰めることが大事です。

このときに、リーダーがやりがちなのが、部下のモチベーションを上げようとするフィードバックです。

×「**あなたの仕事には、こんな社会的な価値がある**」

×「**その仕事をこなすことで、お客様に喜んでもらう。それこそが生きる意味だ**」

といった、高尚なメッセージを伝えるような言動です。

こういった「自分の人生」や「仕事観」に関わる話は、他人に必ずしも響くことではありません。

ヘタをすると、「この人とは価値観が違うな」と、別の言い訳を生み出してしまう可能性すらあります。

心を動かしたいのはわかりますが、グッとこらえる。

それも、仮面をかぶる上で大事なことです。

「口うるさくて嫌われないかな」という葛藤とも、ちゃんと戦ってください。

もちろん、部下の言い分が、すべて言い訳であるわけではありません。

○「3時間では作業を終えるのが難しいです。5時間あればできそうです」

○「競合他社は、さらに1割安く提案しているようです。うちもそれくらい値下げする権限を検討していただけないでしょうか」

など、改善点が明確になっているなら、「情報」として受け取るべきです。

また、よくある言い訳が次です。

「なぜ、これをやらないといけないのでしょうか？」

「それって、私がやるべき仕事でしょうか？」

と、任された仕事を根本から疑うようなケースです。
これに対して、きちんと説明すべきかどうか迷うはずです。
基本的に、部下に対して仕事をやる意味の説明責任を果たす必要はありません。
とはいえ、

×「いいから黙ってやれ」

と簡単に言ってしまうのではなく、部下と上司の「位置」に立ち戻るように説明すればよいでしょう。
次のような返し方がよいです。

「それはあなたが判断することではなく、責任者である私が決めることです」

そのように、事実をハッキリ伝えればいいでしょう。

そもそも仕事は上から下へと任せていくものです。

よほど意味のない仕事を理不尽に押し付けているのであれば問題ですが、普通の業務を任せる限り、いちいち仕事をする意味までを説明する必要はありません。

ちゃんとやってみれば、後から意味がわかってくるような仕事も数多くあります。

リーダーの仮面をかぶり、言い訳をうまくスルーし、事実を詰めていくことで、部下たちはみるみる成長していきます。

初めは、冷たい印象に映るかもしれません。

しかし、どんどん結果が出てくると、そんなことも気にならなくなってきます。

以上が、「言い訳スルー」の方法です。

ここまで読んできたあなたなら、きっとできるはずです。

第4章

褒められて伸びるタイプを生み出すな

──「結果」の思考法

あなたがレストランに行ったとします。

どれだけこだわって作った料理で、調理過程を一生懸命に説明されたとしても、「美味しくない」と思ったら、二度とその店に行くことはないでしょう。

映画や小説も、どれだけ予算をかけても、取材に時間を費やしても、つまらないものはつまらない。

「プロセス」はどうでもよくて、大事なのは「結果」。

それは、どんな仕事でも同じです。

リーダーが正しく「結果」にフォーカスして評価する方法を説明しましょう。

他者の「評価」からは誰も逃げられない

ここまで本書では、リーダーが「フェアに評価すること」の重要性について、何度も述べてきました。

評価には、2つの種類があります。

それが、「自己評価」と「他者評価」です。

いま、世の中には「自己評価」が蔓延《まんえん》しています。

しかし、識学の考え方では、「自己評価」は評価とはしません。その話からはじめましょう。

評価とは、どれだけの対価を獲得できるかを示した基準です。

つまり、**他者から得られるものと結びついた概念**です。

たとえば、レストランで料理を注文したり、アパレルショップで服を選んだりするときのことを考えてみてください。

店員さんが、「この料理は手間隙《てまひま》をかけた自信作です」「この服では縫製にこだわりがあるんです」と説明してきたとしましょう。

しかし、一口食べてみて、美味しくなかったら、もうそのお店には行かないでしょう。洋服も、試着してみて全然似合っていなかったら、縫製のこだわりなんてどうでもよくなります。

もちろん、料理や服も、気に入って購入した後であれば、手間隙やこだわりを受け入れられるでしょう。

しかし、それはあくまで他者評価を得たあとの段階です。

いかなるときも、**最初に他者評価を獲得できないと、自己評価には何の意味も生じないのです**。

社内の「人気」に要注意

では、会社員における「他者評価」とは、なんでしょう。

それは、シンプルに言うと「上司からの評価を得ること」です。

「仕事ができる人」というのは「評価者が求める成果を出せる人」です。

少なくとも会社において、部下たちに求められているのは、上司が求める成果を出し続けることです。

たとえば、サッカー日本代表であれば、監督に評価される選手が「いい選手」です。ファン投票によって代表選手が決められるのではありません。

それゆえに、人気選手なのに代表落ちすることがありますが、それは当然です。

監督が、ファンのことを考えてメンバーを選んだら、どんどん弱いチームになっていくでしょう。監督は、勝つチーム作りをする「責任」で、メンバーを選ばなくてはいけないのです。

リーダーも同じです。

社内で人気のあるメンバーを評価したり、リーダーと距離が近くて仲のいい部下を評価したりしはじめると、チームの結果はついてこなくなります。


これは、あるＩＴ系エンジニアのリーダーの話です。

部下の１人は、仕事はわりとできるエンジニアでしたが、自分の能力に自信があるため、勝手にお客さんとの商談に参加して、その中で自分のやりたい仕事だけを好き嫌いで選んでしまっていました。

社交的なタイプなので、社内では人気を集めて目立っていましたが、チームとしてのパフォーマンスを上げているわけではありません。

明らかにリーダーが管理できていない状態でした。

しかも、その部下は自分の判断で勝手に他の部署の仕事も兼務していたので、いわゆる「２人上司」の状態になっていました。

上司が２人以上になってしまうと、上司同士が牽制《けんせい》しあい、責任者が曖昧になり、

ちゃんと指示が通らなくなります。

そこで、1人のリーダーを上司として付けるように修正し、「ルール設定」「ほうれんそう」などを徹底してもらいました。

社内の人気者だからといって、部下を野放しにしてしまうと、やりたい放題の無法地帯になってしまいます。リーダーは仮面をかぶり、その人気に惑わされずに管理をしなくてはいけないのです。

「客の言いなり」は組織の不利益

では、「社内よりも、お客さんや社会に評価されるようにしなさい」という意見はどうでしょうか。

あるいは、「社内よりも社外から評価されたほうがいい」という考え方もあります。

組織では評価されていなくても、街の人たちから愛されている警察官や、患者たちに人気のお医者さんなどを想像されるかもしれません。

そんな**「組織と戦っている個人」の姿が、映画やドラマの主人公として、よく描かれます**。

ただ、そんなケースは現実ではほとんど考えられません。

リーダーが考えるべきこととしては、お客さんや社会を優先させるのは、絶対にNGです。


ある社員が、「上司からの評価」ではなく「お客さんから直接評価を得よう」と思ったとします。このとき、この社員に欠落しているものがあります。それは、**「会社の未来」への視点です**。

会社の未来、会社の存続を考えず、「この瞬間、顧客にとっての利益を最大化する」という選択をしてしまっているのです。

たとえば、「24時間対応してほしい」というお客さんがいたら、いつでも対応する。「もっと値下げしてくれ」と言われたら、際限なく値下げする。

そういう行動を取れば、その場ではお客さんは喜びます。

しかし、会社組織として、24時間対応は禁止していたり、高価格帯で勝負していくと決めていたりするのであれば、**そのルールに従う社員が評価されるべきです。**

なぜなら、長い視点で「組織の利益」を減らしてまでお客さんを喜ばせる行為は、組織の存続に関わることだからです。

組織が存続できなくなれば、お客さんにサービスを提供できなくなり、結果的にお客さんの利益を奪うことになります。

1人の社員が、「お客さんのためだ」と言って、組織の利益に反する行為をしてしまうのは許されることではありません。

リーダーがその姿を見て、「お客さんのために頑張っている」などと評価してしまえば、途端に組織の中はぐちゃぐちゃになります。

「リーダーの視点は未来に置かれている」と108ページで述べたように、長期的な視点から見た上で判断するのが、リーダーの役割です。

お客さんや社会が喜ぶからといって、「組織の利益」を減らすような行動は、絶対に評価してはいけないのです。

リーダーは「プロセス」を評価してはいけない

ちゃんと評価できるリーダーになるために、部下と距離をあけて「平等性」を保つ必要があることを、本書では何度も述べてきました。

識学では、好き嫌いによる評価をなくし、正しく客観的に評価することを徹底しています。

そこでのひとつの結論は、「**プロセス（過程）は評価しない**」ということです。

世の中では、プロセスを褒めることが是とされています。

結果がついてきていなくても、過程を頑張っていたら、それを評価しようというのが、常識になっています。

しかし、本書では、その考えに真っ向から反対します。

「褒めれば伸びる」は子育ての論理

なぜ、このような「プロセス重視」の世界になってしまったのでしょうか。

その原因のひとつに、ある子育ての研究結果があります。

その研究では、小学生が良い点数のテストを持って帰ったときに、2パターンの褒め方で、その後の成績の伸び方が変わることを実証しました。

1つめが、「能力を褒める」(頭がいいからできたね)というパターン。

2つめが、「プロセスを褒める」(頑張ったからできたね)というパターン。

その2つを比較すると、前者のパターンの子は、テストの点数が下がり、後者のパターンの子は、高い点数を維持できました。それにより、「勉強を頑張っているというプロセスを褒めよう」という育て方が一般的になりました。

この話を会社での上司部下の関係にも当てはめたのが、現在のプロセス重視のマネジメント方法でしょう。

しかし、ここで重要なのは、勉強と仕事の違いです。

「勉強したって意味がない」と思っている子どもを勉強に向かわせる方法としてなら、たしかにプロセスが大事なのでしょう。

なぜなら、学校の勉強には明確な成果がないからです（受験を意識するのはもっと後ですからね）。

しかし、**仕事は勉強とは本質的に異なります**。

仕事では、給料やボーナスという「目に見える成果」を受け取っています。

生きるために働き、生きるために給料を得ていることが結びついているはずです。

やる意味がよくわからないまま勉強しないといけない小学生と、生きるために働いている会社員とでは、管理方法はまったく異なるのが当然です。**小学生向けのマネジメント方法が、会社組織に当てはめられていることが問題なのです。**

何気なく褒めると部下は「勘違い」する

プロセス重視の弊害として有名なのが、「**残業アピール**」です。

先ほどの小学生のように、頑張っている姿を褒めるのであれば、「遅くまで残って働いている部下」も褒めなくてはなりません。

定時で仕事を終えて結果を出している部下と、残業してようやく結果を出している部下。

同じ結果だとするならば、評価されるべきなのは、当然、前者のほうです。

しかし、後者の部下も「よく頑張っているな」と、ついリーダーは褒めたくなってしまうでしょう。

ここで、**プロセスを無視する「リーダーの仮面」**が大事になってきます。
残業する姿を見て、「よく頑張っているな」と声をかけたとします。
すると、部下はどのように考えるでしょうか。

「上司がいるときは残業したほうが有利だ」
「結果が出なくても、『遅くまで頑張っている』と言えばいいんだ」

そのような思考になります。
リーダーが残業を評価している気がなくても、ちょっとした言動によって「評価されている」と部下に思わせてしまうことになり、認識のズレが生じるのです。

プロセス管理を省くと「労働時間」は減る

これは、営業部門とクリエイティブ部門を統轄《とうかつ》する、ある広告会社の部長の話です。

彼も当初はプロセスを重視したマネジメントをしていました。

営業部門ではモチベーションを上げることを大事にし、クリエイティブ部門でもプロセスを管理する状態でした。

その結果、部全体で管理する工程が増え、全体の労働時間も減らず、チームがどんどん疲弊していったと言います。

そこで、**プロセスへの介入は一切やめて、結果だけを管理するようにしました。**

営業部門は、訪問数と提案数の結果だけを確認。クリエイティブ部門も、途中経過を見ず、それぞれのクリエイターの等級に合わせて報告と指導の回数を設定しました。

そうすることで、労働時間を減らしながらも自らで回せる仕事が増え、部署全体の働き方が改善されていったそうです。

これまで部下のプロセスを褒めてきた人が、それをやめるのは葛藤があるかもしれません。しかし、仮面をかぶり、実践してみてください。任せてみてください。

きっと、そのうち部下の成長スピードを実感するでしょう。

「いい返事」に惑わされるな

プロセスで評価しない方法は、残業を減らす以外にもたくさんのメリットがあります。第2章の117ページでは、リーダーからの「あれって、どうなった?」という声がけをやめるよう説明しました。

まさしくこれも、プロセスにフォーカスしてしまった失敗例です。

たとえば、リーダーが部下に、「あの件はどうなっている?」「うまくいっている?」と聞いたとします。

すると、部下は、本当に順調であれば、「はい、順調です」と答えるでしょう。

しかし、**正直に答えないことも多くあります**。

「はい、いい返事をもらっていて、契約に結びつけられそうです（本当はあまりいい反応じゃなかったけど……）」

このように、**つい期待させる返事をしてしまう**のです。

そう言ってしまった手前、埋め合わせを頑張り、ウソをウソでなくする部下も中にはいるでしょう。しかし、そんな例はごく少数です。

「うまくいっている？」

「はい、順調です（本当は何も進んでいない……）」

「よし、期待してるぞ！」

このやりとりは、**事実上、何も成果が生まれていない状態**での会話です。

もし、その後、契約が取れないまま期限が来たとしましょう。

「契約は取れませんでした。直前に気が変わってしまったようです」

などと、言い訳を報告したり、誤魔化したりするようになってしまいます。

それを受けてさらに残念なのが、リーダーの次のような勘違いです。

「もうちょっとで取れそうだったのか。惜しかったな。でも、その頑張りだけは評価しよう」

と、**リーダーが誤解したままプロセスを評価してしまう**ことです。

このように、結果として契約が取れていないにもかかわらず、途中でヘタに声がけをして「いい返事」をもらったせいで、部下を評価せざるを得なくなります。

まさに、意識のズレが生み出した悲劇です。

そうした事態を避けるためにも、第3章で述べたように、「言い訳」をなくすコミュニケーションをし、プロセスを評価しないことが必要なのです。

いい返事をすることは、無意識のうちにクセになります。

そうした頑張りアピールをしてしまう部下に対しては、**「日報による管理」に切り替えるのが効果的です。**

日報による管理では、数値による管理をします。

「頑張ります！」などのプロセスを書く欄を設けずに、数値化した事実だけを書かせるようにしましょう。

ここで大事なのは、**「日報は、『日記』ではない」**と伝えることです。

特に若い人は、日報と日記の区別がついていないことが多いです。部下が日報に「感想」を書いてきたときは、日記ではないことを伝えて指導しましょう。

「褒めること」の大きすぎる弊害

ちなみに、私自身は部下を褒めることはほとんどありません。

それは、期限内に任務を遂行するのは「あたりまえ」のことだからです。

「あたりまえ」の基準をできるだけ高く保つことが、私の役目だと考えています。

人間の意識構造上、**褒められたときに、「その少し下のところ」が「あたりまえ」の基準になります**。

70点を取った人を「すごいね」と褒めると「60点くらい」が、80点を取った人を褒めると「70点くらい」が、「あたりまえ」になる感覚です。

そうであれば、「あたりまえ」は100点に設定しておく必要があります。

目標に対して、150%以上の成果を出せば、さすがに褒めることはありますが、それは100点満点を「あたりまえ」にしておくためです。

私は識学の社長なので、「安易に褒めないこと」を徹底していますが、さすがにリーダー1年目の立場で、まったく褒めないことはなかなか難しいかもしれません。

それでも、**「あたりまえ」の基準を設定し、それを大きく超えたときだけ褒めるようにすることは、誰にでもできるはずです**。

仮面をかぶり、簡単に「よくやった」「すごい」と言わないようにしましょう。

「褒められて伸びるタイプなんで、褒めてくれないとやる気が出ない」

そんなことを言う若手社員がいます。

しかし、先ほどの小学生ではないですから、学生ではなく社会に出た会社員である以上、褒められて伸びるタイプを認めてはいけません。

仕事を通して、お客さまから笑顔をもらったり、評価に応じたボーナスを受け取って家族から褒められたりすることで、**個人的に承認欲求を満たしてもらうのは自由です。**

しかし、それはリーダーが満たしてあげることではないのです。

第3章では、マンモスの肉の例を用いましたが、ここでも同じことが言えます。

みんなでマンモスを狩って、みんなでマンモスを食べる。そういう時代では、ハッキリと「成果」が先にありました。

よって、「みんなでマンモス獲ってきたのか、すごいぞ！」と、目の前の肉に、評価が直結するのも当然です。

しかし、貨幣が誕生し、会社組織が出来上がり、給料制度が整ったことで、「自分が出した成果」と「目に見える評価」が間接的なものになりました。

すると、**「成果」と「評価」の順番が入れ替わってしまいました。**

成果を出しても出していなくても、ほぼ同じ給料がもらえるので、「先に評価されることで、成果を出すためのモチベーションが湧く」という、おかしな理論が成立したのです。

それは、「みんな、マンモスを狩りに行くのか。すごいな」と、目の前に肉がない状態を褒めているようなものです。

会社組織では、このような矛盾が当然のように起こってしまいます。

だからこそ、リーダーが、全員を「成果」へと向かわせなくてはいけません。

プロセスを褒めず、大きな結果を待つ必要があるのです。

リーダーがやるべき「点と点」の管理術

本章でリーダーが身につけることは、「プロセス管理」ではなく「結果の管理」です。

ここまでの章では、ルール設定や仕事の任せ方について説明してきましたが、ここでの説明も、その延長線上にあります。

肝心なのは、「最初」と「最後」です。

最初に「目標設定」をして、ちゃんと仕事を任せる。

最後に「結果」を報告してもらい、評価する。

その、点と点の管理を身につけましょう。

まず、目標設定のときにすべきことは、ルール設定と同じく、明確な言語化です。

「とにかくできるだけ契約を取ってきてください」

そんなふうにザックリと任せても、部下はどうしていいかわからず迷うだけです。

必ず「期限」と「状態」を提示します。

「1週間後までに3件の契約を成約させてください」

「来月の1日までに100万円の売上を出してください」

というように、できる限り数値化します。

ただ、営業などの仕事では売上の数字で成果を表せますが、仕事の種類によっては、数値化できないかもしれません。

それでも、「積極的に取り組みましょう」というような曖昧な表現をなくし、

「来月までに業務改善できるアイデアを3つ出してください」

など、**できるだけ数値化した目標設定に工夫できるはずです。**

仕事の要素を分解してみて、回数や時間、前年比率など、数字を見つけて目標につなげるようにしましょう。

「手取り足取り」と「背中を見せる」のあいだ

目標の設定をしたら、その期限が来るまで、リーダーから確認してはいけません。

第2章で説明したとおり、部下からの「ほうれんそう」を待ちます。

とはいえ、同じ職場にいて仕事ぶりを見ていたら、「やり方」に口出しをしたくな

ることでしょう。

たとえば、電話対応を聞いていて、明らかに敬語が間違っていたり、失礼な表現をしていたとしたら、それはすぐに指摘すべきです。

しかし、次のようなアドバイスをしていないでしょうか。

「私が新人の頃は、昼休み中も電話対応をしていたし、メールだけで連絡を済ませることもなかった」

「実際に、私がクレーム処理の見本を見せるから、1回マネしてみて」

このように、**過去の自分のやり方を押し付けるのは、NGです**。

リーダーとしては、部下に寄り添っていて面倒見がいいように思えるかもしれませんが、何度も述べているように、こうしたリーダーが部下の成長を止めます。

やり方を押し付けると、「上司と同じことをやっていればいいんだな」と、勘違いする部下も現れます。

目標さえ決めれば、途中のプロセスは、部下が創意工夫したり、失敗を繰り返したりして試行錯誤するはずです。

見かねて手を貸してしまうと、部下が失敗から学べるチャンスを奪います。

もちろん、「何から手をつければいいかわからない」と言う部下もいるでしょう。

特に、入社1年目の新人や、部署異動してきた人には、最初はやり方を説明すべきです。

この段階での、「見て学べ」「先輩たちの背中を見ろ」という指導は、間違いです。

自分から聞きに来ない新人もいるでしょう。それは、「何を質問していいかもわからないような状態」だからです。

そうしたエラーを取り除くのも、リーダーの責任です。

いくら「リーダーの仮面だ」と言っても、「背中で見せる上司」は、責任の放棄です。その線引きを間違えないようにしてください。

「結果」を元に次の目標を詰める

目標設定を正しくすると、期限が来て、部下から結果を報告されます。

次にやるべきなのは、**「できなかったことを指摘する」ということです**。

これは、142ページのほうれんそうに対する評価と同じ話です。

目標をクリアしたら「達成」、届かなかったら「未達」と伝えます。

そして、何ができていないかを認識させることが、リーダーの役目です。

このとき、「客観的事実」を元にしなくてはいけません。

「一生懸命さが足りなかった。もっとやる気を見せるように」

などと指摘されても、どのように行動を変えればいいかわからないでしょう。

「週に20件を訪問して3件を成約させたのですね。目標は5件でしたので、未達です。次はどうしますか?」

「来週は40件を訪問するようにします」

「了解です。来週は、40件を訪問して5件の契約を取るのが目標ですね」

と、不足を認識させて、その不足を埋めるために何を改善するのかを同時に提案させ、次の目標を設定します。

未達だった場合は、目標の1つ手前のプロセスを加えることがポイントです。

ここでは、訪問件数が目標として加わりました。

ただ、これ以上のプロセスには付き合わないようにします。

そして、また来週になったら報告させ、評価します。

全員、平等に言語化して詰める

また、仕事の種類によっては、数値化した目標が設定しにくいときがあります。デザイナーやエンジニアの世界では、部下に対して、「上司が納得したらOK」という設定をすることもあるでしょう。

仕事の性質上、リーダーがそういう目標を設定するのは、NGではありません。ただ、**「具体的にどうすればOKなのか」という定義は、できる限り明確にするべきでしょう。**

初めはそれで仕事をやらせてみて、自分が納得しないポイントを抜き出していきます。すると、それが部下にとっての「マニュアル」に変わっていきます。

そのときに、**「なんかダメなんだよね」と返すのはもちろんダメです。**

また、私はベンチャー界隈を指導することがありますが、結果が曖昧になっているケースをよく見かけます。

特に、大企業から優秀な人をヘッドハントしておいて、「これだけ優秀な人なんだから、あとは自分でうまくやってくれるだろう」と、放置してしまうケースです。

このような場合、求める「結果」を設定せずに、「とりあえず、やりたいようにやってみて」となりがちです。

しかし、**目標を設定しなければ、いくら個人が優秀でも組織の中で仕事は回っていきません**。

元から在籍している別の部下にも、えこひいきに映ります。

リーダーがちゃんと仮面をかぶり、目標を詰められるようになりましょう。

これは、あるシステム開発部の部長の話です。

彼の下には、課長が3人いたのですが、さらに下の部下たちの仕事ぶりが気になり、課長をひとつ飛ばしして部下に指示をしていました。

それぞれの課の会議にもすべて顔を出し、口を出す状態でした。

すると、課長の中からなかなか部長候補が育たないという事態が起こりました。

このように、部下、課長、部長と三層の立ち位置がある場合、**三層すべてが参加する会議は禁止するのが有効です**。

先ほどの部長には、課長からの「ほうれんそう」だけで結果を評価することを徹底させました。

課長はそれぞれの部下の結果を管理し、その課ごとの結果は、さらに上の部長が管理するのです。

そうすることで、**部長は、部長にしかできない仕事にだけ労力を回すことができるようになりました**。

また、課長である若手リーダーにも、言語化して詰める責任が生まれ、将来の部長候補へと成長していくことになります。

以上が、それぞれのリーダーの正しい結果へのコミットの仕方です。

リモートワークに最適なマネジメントだった

こうした点と点でマネジメントする方法は、**じつはリモートワークとの相性が抜群に良いです**。

たとえば、週に1回のオンラインミーティングで目標だけをすり合わせ、翌週に報告させることに集中しやすくなります。

リモートであれば、途中のプロセスへの口出しも、物理的に減ることになります。

多くの会社で、成果を出している人が評価され、頑張っているアピールをしていた人は、結果が出せていないことが炙り出されたことでしょう。

組織として、とても健全な体質になっていくのです。

「リモートだから良い悪い」ということではなく、元々の組織の悪しき慣習が、リモートによって現れたにすぎません。

ぜひ、これを機に、もっと多くの企業に「点と点」のマネジメントへと移行してもらいたいものです。


正しく結果を評価するためには、「距離をあける」ことが必要だと述べてきました。

もっとも距離が近い評価こそが、「自己評価」です。

自分で自分を評価することは、距離をあけようがありません。

大概の「自己評価」は、高くなりがちです。

自分に厳しくできる人は、自己評価を低く付けますが、ほとんどは高くなってしまいます。


ここまで読んできた人なら、その理由がわかるはずです。

なぜなら、自分がやっている行為そのものが「プロセス」だからです。

リーダーは距離をあけて「プロセスを見ない」ことができますが、自分で自分のプロセスを見ないことは物理上できません。

中には、客観性を持ち合わせて自分を評価できる人もいますが、いないとしたほうが早いでしょう。

「正しく自己評価しよう」という言葉は、理論上、成立しないのです。

「360度評価」はいらない

部下が上司を評価する「360度評価」という試みがあります。

もちろん私は、このやり方には反対です。

「評価」とは本来、「**目標を達成できているかどうかを判断する行為**」です。

目標を決める権限のない人が、責任ある立場の人間を「評価」することは矛盾しています。

評価は「責任」がある人にしかできません。

部下からの評価は、すべて「無責任な感想」です。

「最近、上司の顔を見ていると疲れているようだな。頑張っているんだろうな」

そんな印象でしか評価できないでしょう。

どうしても部下は「好き嫌い」で判断するしかできないのです。

360度評価という発想が出てくる背景には、経営層が自らのマネジメントに自信がなく、中間管理職を信用していないことが原因です。

すでに会社に360度評価が導入されているリーダーはかわいそうですが、その中でやっていくしかありません。

たとえ、360度評価による自分の評価が悪くなったとしても、チームの結果を出すことだけに集中することをおすすめします。

ブレないための軸、つまり仮面が必要です。

部下からの評価を気にして、甘く接してしまう誘惑と戦うようにしてください。

第4章の実践

「点と点の目標設定」をやってみる

さて、第4章では、本書のメインテーマでもある「点と点の目標設定」を説明しました。ポイントを振り返りながら、正しいマネジメントのエッセンスをおさらいしましょう。

どういう結果を残せば、高い評価がもらえるのか。

そこが曖昧だと部下は迷ってしまうのでしたね。

評価される基準がわからないと、上司に気に入られようと「残業アピール」をしたり、プロセスの段階で「期待させる報告」をしてしまうのです。

それを評価しないために、次の3つの要素を見てください。

「① 目標設定」→「② プロセス」→「③ 結果」

この順で、リーダーは部下に仕事を任せ、管理します。
それぞれのポイントでの注意点は、次のとおりです。

① 目標設定

→ できるだけ数値化する

○「来月は10件の契約を成立させてください」

このように、「できるかな?」とお願いするのではなく、ちゃんと言い切るようにして伝えます。

② プロセス

↓ 極力、口出ししない

×「もっと積極的にアプローチしないとダメじゃないか」

何か思いつきで言いたくなる気持ちや、昔話、説教をしたくなるのをグッとこらえます。

ただし、新入社員や部署異動してきた部下には、詳しいプロセスを提示します。

③ 結果

↓ 部下からほうれんそうをさせる

○「今月は10件の契約を取ることができました」

このように、言い訳がない事実だけの報告をさせることが理想です。

もし言い訳がある場合は、第3章の内容を読み返してください。

以上が、リーダーがやるべき「点と点」の管理です。

次は、部下が目標を「達成した場合」と「未達だった場合」に分けて考えましょう。

達成した場合

最初に設定した目標をクリアしたら、

「了解です。お疲れさまです」


と、受け止めます。

このときに、「すごいな」「やればできるな」と過剰に褒めすぎないのがポイントでしたね。

もちろん、15件以上の契約を取ってきた場合は、大きな評価をすべきです。

そうでない限りは、結果を冷静に受け止め、「あたりまえ」の基準をブレさせないようにします。

また、目標をクリアした場合、次の新たな目標は「やや上」に設定します。

詳しくは、第5章の「成長」がキーワードになりますので、そこであらためて解説しましょう。

未達だった場合

次に、未達だったときです。ここで部下とどう接するかが、リーダーの役割として非常に大事になってきます。


「8件しか契約が取れませんでした」

「未達ですね。で、次はどうしますか？」


と、事実を確認し、次の行動変化をヒアリングします。

「今月の電話営業は100件で、100件中、8件が契約成立だったので、次は130件の電話をかけようと思います」

「了解です。来月は『130件の営業電話』と『10件の契約』が目標です」

と、目標の1つ手前の段階を、次の目標に加えます。

目標の1つ手前の段階を設定できるのであれば、未達だった要因の分析もできているのだと判断します。

そうやって、1つだけプロセスを加え、その目標がクリアできたら、そのときにプロセスの目標は外せばいいのです。

それでもうまくいかなかったら、どうすればいいのでしょうか。

そのときは、期間を短く設定するのが有効です。

「次の1週間で、『30件の電話』と『3件の成約ができているか』を報告してください」

というように、報告させる期間を短くします。

それでもうまくいかなかったら、今度は「2日に1回の報告」「毎日の報告」というように、期間をどんどん短くしていきます。

逆に、新入社員などの場合なら、初めは「毎日の報告」からスタートして、徐々に期間を長くしていくイメージです。

先ほどは、「来月は130件の営業電話と10件の契約」を目標にしましたが、これを評価するときは、やはり「10件の契約」の部分を最重視してください。

もし、「130件の電話をかけたが、それでも9件の契約しか取れなかった」という場合、100点満点中90点は「9件の契約」を結果に反映し、残り10点を「130件の電話をかけた」というプロセス結果の評価として加味してもよいでしょう。

このバランスはリーダーの采配《さいはい》によりますが、あくまで大事なのは「結果」です。

この軸をブレさせないようにしましょう。

以上が、「点と点」で管理し、マネジメントする方法です。

そうはいっても、中間管理職の立場であれば、会社の方針との兼ね合いもあるでしょう。

このように、勝手に目標設定をすることは、難しい職場もあるかもしれません。

しかし、本来の目標と結果のあり方だけは理解してください。

この先、あなたが出世していき、さらに大きな責任を持つこともあるでしょうし、他の会社に移ったり、独立・起業したりすることもあるでしょう。

そのときに、ここで学んだことがきっと大きく役立つはずです。

第5章

先頭の鳥が群れを引っ張っていく

——「成長」の思考法

自己啓発書を読んでも、セミナーを受けても、やる気が上がるだけでは何も変わりません。

本書では、感情のマネジメントやモチベーション管理を否定してきました。

それは、部下たちに、確実に行動を変えてもらうためです。

リーダーの下で、部下たちは「健全な競争」をします。

その中から、トッププレーヤーが誕生し、他のメンバーも引っ張られていく。

そうしてチーム全体は1つ上のステージに上がることができるのです。

そんな「成長」の法則について説明しましょう。

「不足を埋める」から成長が生まれる

まずは、ここまでの内容をおさらいしながら、人がどのように成長するのかを追っていきましょう。

まず、リーダーはルールと目標を設定し、部下に仕事を任せます。

その仕事に取り組んでもらい、期限が来れば、「結果」を報告してもらいます。

結果に対して、リーダーは「評価」をします。

部下は、「結果」と「評価」のギャップを認識し、次の目標を、「変えるべき行動」

と一緒に設定します。

その「結果」と「評価」のギャップを埋めていく。それにより、「成長」をします。

ここで「結果」と「評価」との差を正しく認識できない人は、成長できません。

だからこそ、自己評価ではなく、他者評価が必要であり、日頃からリーダーがフェアに接していることが大事になってきます。

自分以外の他者から評価されること。そのことから逃げることは、資本主義の下では不可能です。

また、不足しているギャップを受け止めず、「言い訳」が可能な状態になると、人はそちらに逃げます。

リーダーが、言い訳のできる状況を潰しておくコミュニケーションを日頃から取っておくことが求められます。

以上、それぞれのポイントで「感情」が絡んで「いい人」に思われたい葛藤と戦うためのツールが、「リーダーの仮面」でした。

「1人の成長」がどう影響していくのか

そして、リーダーの仮面によるマネジメント法を実践すると、チーム内に「健全な競争」が起こります。

健全な競争の下では、勝手に成長せざるを得ない状況になります。

成長していくまわりの人に置いていかれるとマズいという「いい緊張感」が生まれ、結果的に成長が連鎖していくのです。

その後、どうなっていくのかが本章のテーマです。

チームが成長するとき、必ず起きていること

リーダーは、チーム内で健全な競争が起こりはじめたら、**管理することがメインの業務になっていきます**。

たとえば、6人部下がいるとしましょう。

そのうち4人が目標を達成して、2人は未達でした。

その2人に対して、「お前、成長できていないぞ。頑張れ」などと鼓舞したり、昔話を交えて説教したりなどはしてはいけないことです。

ここまで何度も述べてきたように、仮面をかぶり、淡々と次の行動を考えさせるし

かありません。

自らの置かれた状況が「ヤバい」ということを正しく認識させるのです。

もし、競争したくなくて成長を諦めた人は辞めていくかもしれませんが、それを食い止める努力は、リーダーには必要ありません。

リーダーが「先頭」を走ってはいけない

また、リーダーにもプレーヤーの気持ちが残っているので、「なんで、できないんだ」というネガティブな感情が生まれるかもしれません。

しかし、リーダーはつねに「一定」に部下を見る必要があります。

あくまで「一定の環境」の中で競争が起こっている。その状態を保ちます。

リーダーが感情で動いてしまうと、健全な競争が起こらなくなってしまいます。

「渡り鳥の群れ」を見たことはあるでしょうか。

いちばん速く飛ぶ鳥が先頭になって、それにみんながついていっている。そんな姿です。

ここで重要なのは、「**先頭の鳥がリーダーではない**」ということです。

リーダーは、さらに上から全体を見渡し、指揮する立場にいます。先頭の鳥は、部下の中のトッププレーヤーです。

そして、**先頭の鳥が速くなれば、群れ全体のペースも速くなります**。

競争している中で早く成長する部下が1人出てきたら、そこにチーム全体が引っ張られていく。これが理想のイメージです。

伸びる組織は、先頭のメンバーとの差がどんどん縮まっていき、全体が成長していきます。

伸びない組織では、リーダー自らが先頭の鳥となり、トッププレーヤーとしてチームを引っ張っていこうとします。

プレイングマネジャーの場合、リーダー自身も飛ぶ必要があるからです。

しかし、**リーダーはトップになってはいけません。**あくまでマネジャーとしての仕事を優先させるべきだからです。

「スキルの差」はあっという間に縮まる

身も蓋もないことを言ってしまうと、多くの仕事において、高度なスキルは必要ないことがほとんどです。

もちろん、専門的で職人のような職種ではスキルが必要かもしれませんが、ホワイトカラーを中心とした会社員であれば、事務スキルもコミュニケーションスキルも、一定のところで高止まりします。

そもそも人間の能力に、「そこまでの差はない」と考えたほうがよいでしょう。

ただし、新入社員であれば、結果の差は大きく出ます。

それは、「これまでの経験と任された仕事がどれくらいマッチしているか」の差があるからです。
バイト経験豊富で人と話すことが得意であるとか、勉強熱心なので黙々と作業することが得意であるなどの違いからくる差です。

しかし、そんな能力の差は、すぐに埋まります。

経験を積み上げていくと、どんどん人間の限界値に集約されていきます。メンバーたちに差がなくなっていくわけです。

そうすると、切磋琢磨が起こり、トップの座が何度も入れ替わるようになり、全体のレベルが上がっていきます。

どんどんメンバー間の差が縮まりながら、全体としては伸びていく。これが正しい成長の状態なのです。

識学では、数百人のコールセンターの営業成績の数字を分析したことがあります。

そこでも、同じような結果が出ました。

コールセンターで必要なスキルは、そこまで難しいものではありません。

元々電話営業の仕事を経験していたような人が最初の頃は有利で、トップと最下位の差は大きく開いていました。

しかし、話すことが苦手だと思っていた人も、やっていくうちにスキルを身につけていきます。

口ベタな人でも一度コツをつかむと、ものすごい勢いで成長していきます。

組織がこのような状態になると、全体の成長スピードが格段に伸びる瞬間がおとずれます。

そうなるように全体のステージを引き上げるのが、リーダーの仕事なのです。

組織は「成長の場」を提供するのみ

ここで大事なのが、成長の場を用意しておくことです。

そして、スタート時は、「成長を信じて待つ」ことです。

私の会社では、業績が伸びていることもあり、多数の採用応募がきます。

おそらく、成長できる環境があると思ってもらえているのでしょう。

そして、私たちが中途採用の人に対して提示する給料は、「前職の給料の2割以上減」です。

それには、理由があります。

もちろん、「給料を目的に入ってこないでほしい」というのもあります。

しかし、もっと大事なのは、**「成長してほしい」という思いが強いからです。**

だから、入社後に「どうやったら給料が伸びるか」という条件を提示します。

結果を出してくれれば、1年で元の給料水準に戻せますし、1年半でもっと上の給料を得ることも可能です。

お互いにとって限りなくフェアであり、かつ、私たちがメンバーの成長を信じていることの表れです。

能力のある人を高い給料で採用するのではなく、場を提供して成長してもらう。これこそが、私たちの会社が提示できる最大のメリットだと思うのです。

なぜ「優秀な人だけ」を集めても、うまくいかないのか

先ほど、「人間には能力の差がほとんどない」と述べました。

それを証明する事例があります。

あるベンチャー企業は、他社の「超優秀」な人たちをたくさん集めて、多くの新規事業に乗り出しました。

各社で実績を出しているのだから、彼らを集めて新しい事業を始めれば、すごいことができそうに見えます。

しかし、結果はどうだったでしょう。

すべての事業が失敗に終わりました。

なぜなら、彼らが考えていた「優秀さ」からは、**「組織適応能力」の概念が抜け落ちていた**からです。

識学では、組織適応能力までを含めて「優秀さ」だと捉えています。

組織適応能力と能力の重要性は、50対50の関係です。

だから、**どんなに元の能力が高くても、適応能力が低かったら、どの会社に入っても半分の力しか発揮できない**のです。

それに、能力のある人間に限って、「適応したくない」というようなことを言い出します。

だからこそ、第1章の「姿勢のルール」が必要だったのです。

監督不在のスポーツチームが優勝することがないように、競争を勝ち抜いていくためには、必ずリーダーのポジションが必要になってくるのです。

「変わった気になる」を徹底的になくしていく

個人の能力は、30代をピークに落ちていきます。

営業などで、会社内でトップの成績を出し続けて、リーダーになったとしましょう。

その後、プレイングマネジャーとしてトップを走り続けるのには、限界があります。

個人としての能力のピークを迎えたら、現場に立つことから徐々に降り、マネジメントに比重を置いていくことが求められます。

そこで重要なのが、第4章の「プロセスに口を出さない」ということでした。

優秀なプレーヤーだったリーダーには、これがなかなか難しいのですが、そこで知ってもらいたいことがあります。

それが、「**人は経験とともにしか変わらない**」ということです。

多くの人は、こんな勘違いをしています。

「たくさんの知識を得れば変われる」
「勉強すれば変われる」
「偉い人から話を聞けば変われる」

この本を読んでいるあなたも、もしかしたら読んだだけで変われると思っているかもしれません。

しかし、これらは、すべて錯覚です。

知識の量を増やすだけでは、本質的な「変化」にはつながりません。

ここを正しく認識できないと、**本を読んだり、偉い人の話を聞いたりするだけで「自分が変わったような気分になる」**ので注意です。

ムダに知識の量だけが増えると、行動にブレーキをかけるようになります。

知識は経験と重なることによって、「本質」にたどり着きます。

つまり、身体性を伴わなければ、意味を持たないのです。

「起業についてのセミナーにばかり行って、気づけば起業しないまま5年が経っていました」という人がいます。

変化は知識から生まれるわけではないのです。

「わかった気にさせる」リーダーになるな

優秀なプレーヤーだったリーダーは、つい自分の経験から、部下が失敗しないように指導してしまいます。

しかし、話としてわかっても、実際にやるのとでは大きな違いがあります。

だからこそ、リーダーには、「**まず1回やらせてみる**」ということを徹底していただきたいのです。

54ページの質問では、「部下と競争しない」ということを肝に銘じてもらいました。

「去年までうまくいっていた方法だったけど、その経験はもう通用しないのか」

現場を離れると、そんなことも、あっという間に起こり得ます。

最近は、「やる前に部下がしっかり納得するまで話をしましょう」「腹落ちしないと部下は力を発揮できません」などと言われることがあります。

しかし、それは間違いです。

まだ経験していないことをいくら話されても、部下には伝わりようがないのです。

「この仕事じゃ、ちょっと頑張れそうにありません」

「そうか。じゃあどうしたら頑張れるかな?」

そんなやりとりに時間を使う必要はありません。

リーダーは早く目標を与えて、「1回やらせてみる」。それがもっとも部下を成長させるのです。

説得も納得も腹落ちも必要ありません。

そんなコミュニケーションの取り方を、本章の最後の実践で学んでください。

「目に見えない変化をする部下」がリーダーの成功の証

組織レベルでも、「変わった気になるだけ」の間違いを犯すことがあります。

「変化」を正しく理解していない会社の特徴は、「**人事異動や組織再編が多い**」ということです。

それは、なぜでしょうか。

それらは、目に見えて形を変える「変化」だからです。

変えた瞬間は、パッと見で何かが良くなったように見えます。

しかし、それはまさに「良くなったように見える」だけで、実際には何も変わっていません。

ここまで述べてきた部下やチームの「成長」は、目に見えるような変化ではありません。

もちろん、目を見張るほどに自信がついたり、態度や話し方が変わったりするかもしれません。

それに気づけるのは、リーダーや同僚など、身近にいた仕事仲間だけですが、**「目に見えない成長」を感じ取れた瞬間は、まさにリーダーの仕事が成功したことの証なのです。**

ただ立派なスーツを着て変化したように見える部下と、結果を出して自信にみなぎっているように見える部下。

その2つは、まったく質が異なる変化です。

そして、ぜひ、本書を読んでいるリーダーには、後者の変化を感じ取れるまで頑張っていただきたいのです。

「やった気にさせる」の数学的理論

人事異動や組織再編という「わかりやすい変化」を起こせば、自動的に会社が成長するかのような錯覚に陥ります。

それは、**組織再編をする労力に対して、期待感が大きいからです。**組織の配置を変えただけで、すごくいいことが起こるかもしれないという期待感が生まれるわけです。

しかし、それは会社のウェブサイトのリニューアルを繰り返しているのと同じです。目に見える変化さえあれば、「儲かる」と錯覚しているのです。そうではなくて、そこからの小さな積み重ねのほうが大事です。

このことは、数学の「べき乗則」のグラフに当てはまります。「労力」と「期待値」をグラフ化すると、べき乗則にしたがうグラフになるのです。

最初のうちは、労力は少ないですが、期待値がすごく大きくなります。

しかし、労力を費やし続けていくと、だんだん労力に対する期待値が小さくなっていくことを表しています。

たとえば、マラソンのタイムが「べき乗則」に当てはまります。

最初のうちは走り慣れるまで、どんどんタイムが縮まっていきます。

しかし、毎日、走り続ければ走り続けるほど、1分のタイムを縮めるのが大変になっていくのです。


この1分のタイムを縮めるような努力をすることを、人間は無意識的に嫌います。

だから、「労力」と「期待値」のバランス的に、人間がいちばん気持ちいいのが、「やった気になる」ということなのです。

セミナーに行ったり、英会話教室やジムに入会したりすることもそれと同じです。

それらは、一見コスパがいいように思えますが、実態はまったく違います。

得られるのは「変われそうだ！」という一瞬の快感だけです。

そこから経験を積み上げていくことが大事なので、リーダーはプロセスへの口出しではなく、「目標を与えて、実際にやらせる」ということをさせる必要があるのです。

以上、「成長」について、大局的な視野から説明してみました。

リーダーの仮面の最大にして最終のゴールである「部下の成長」の話でした。

ここまでの第1～4章の内容は、いわば「部下の成長のためにあった」と言っても過言ではありません。

プレーヤーだった頃の自分を、部下たちがはるかに超えていく瞬間。

ぜひ、それを体感していただきたいと思います。

第5章の実践

「とにかく一度行動させる」をやってみる

第3章の実践のところで、「目標をクリアした人には、次はやや上の目標を設定させる」と述べました。

それは、つねに「不足」を認識させて、部下に成長してもらうためです。

しかし、高めの目標を掲げると、

「なぜ、それをやらないといけないのですか？」

「ちゃんと私ができるかどうか納得させてほしいんですが……」

などというように、説明を求められるときが訪れると思います。

これと対峙するのが、リーダーの仮面の最後の実践です。

もっとも考えられるパターンは、「まだやったこともない仕事について、やる意味を求められる」ことです。

つまり、仕事のハードルの高さを恐れている状態です。

目の前の「恐怖」から未来に成長していない「恐怖」へと目を向けさせるのが、リーダーの役割でしたね。

このようなときは、部下が指示の「本質」について理解できているかどうかを考えます。本質とは、「知識」と「経験」が伴わなければたどり着かないものです。

ですから、ここでは、

「まずは一度、やってみてください。やってみれば見えてくるものが必ずあります」

と言い切りましょう。

そうやって、実行させてみると、「なるほど、そういうことか」と、遅れて指示の本質が理解されると思います。

それを信じて、仮面をかぶってください。

また、それでもうまくいかないときは、リーダーの「責任」について触れるとよいでしょう。

「あなたが実際にやってみて、もし失敗したとしても、それは上司である私の責任になります。ですから、思い切ってやってみてください」

それくらい強引に押し切ってもよいでしょう。

そして、リーダーは、言ったからには言行一致に気をつけてください。

仮に失敗したときは、次はリーダーがさらに上の上司から評価を受ける番になると思います。

そのときに、ダメなリーダーは、部下の責任にしてしまいます。

×「私が指示しましたが、部下もそれに同意しました。だから2人の責任です」

こんなことを言うリーダーは、管理職失格です。

一気に信頼を失うでしょう。

部下にチャレンジを指示するときは、あなた自身が責任を同時に引き受けてください。

そこまでの覚悟があって、初めて部下は行動してくれます。

部下が渋々やっているような顔をしていたとしても、その場は仮面をかぶり、リーダーの役割を果たしてください。

リーダーの言動が、遅れて理解されるときが、必ずきます。

以上が、最後の「実践」でした。

部下が「高い」と思っていた目標を達成したとき、「できない」と思っていた仕事をやってのけたとき。

それこそが、あなたが「リーダーの仮面」を脱ぎ、素顔で喜ぶときです。

さて、次章が最後の章です。

本書の最後に、こうして責任を引き受けて役割をまっとうした「リーダーの素顔」について、お話ししようと思います。

終　章

リーダーの素顔

さて、ここまで、「リーダーの仮面」をかぶり、部下の成長のために頑張っていただきました。お疲れ様でした。

これまで自分が「絶対に正しい」と思っていたやり方を変えることには、大きな葛藤があったかもしれません。

しかし、部下と距離をとり、結果を追い求めることで、いつか、部下があなたのプレーヤーとしての能力を超える瞬間がくるでしょう。

それを大いに喜んでください。

最後に、経営者としての私の本音を話して本書を終えようと思います。

もっとも「人間」を追求したマネジメント

ここまで、識学の考え方を元に、リーダー1年目や中間管理職を想定したマネジメント方法について説明してきました。

識学の考え方は、よく知りもしない人が表面だけ取り上げて、「非人間的だ」「軍隊みたいで嫌だ」と言われることがあります。

「人を人と思っていないんじゃないか」という批判もされます。

しかし、まったく逆です。

たしかに、人を人とは思っていません。

ただそれは、「**人を人と思って組織運営をすると、人のためにならない**」とわかっているからです。

いったん人として扱うのをやめたほうが、人はむしろ成長するという逆説的な真実があるのです。


本書で繰り返してきたように、仕事は「仲良くやること」が目的ではありません。

「**きちんと稼いで、食えるようになること**」がゴールです。

そのためには、成長することは避けられません。

成長できずに、食いっぱぐれるのが、もっともダメなこと。つまり「非人間的なこと」です。


この瞬間、社長がいなくなったり、会社がなくなったりしたときに、どの組織にいた人間がいちばん生き残れるか？

どういうリーダーの下にいた人間が次の環境に適応できるか？

そこにコミットすることが、リーダーが部下に対して本来やらなければいけないことです。

子育てであれば、親がいなくなっても大丈夫なように育てるのが大事です。

親はいつまでも生きているわけではありません。

子どもがかわいいからこそ、厳しく育てなければいけないのです。

部下は誰ひとりとして見捨ててはならない

時代が変わり、ビジネスは年々厳しさを増しています。

そんな中で会社が勝てるかどうかは、「最後の1%」にかかっています。

1%というのは、「ちゃんと考えていたかどうか」「もう一息の力を出せたかどうか」です。その差が最後の勝敗を分けます。

会社の社員1人1人が、どれだけ「結果に対する責任」を認識しているか。

そこの差がものすごく大切になってきているのです。

経営者だけが、上司だけが、その「1%」を絞り出そうとしても限界があります。

そうではなく、組織にいる1人1人が1%を生み出すことを考える必要があるのです。


リーダーが「目標」を設定し、それに従って部下が動く。そう言うと、「部下は手足のように動かないといけない」と思われがちですが、むしろまったく逆です。

たしかに目標は設定しますが、プロセスには不干渉です。

よって、**部下たちは結果を出すために必死に脳みそを使います**。

それが勝敗を分ける「最後の1%」になるのです。

全員が本当に自分の脳みそを使わざるを得ない環境。それが究極の理想であり、私はそれを実現することだけを考えています。


リーダーは、**「こいつは使えないから食っていけなくてもいい」などと見捨てず、チーム全員の成長を目指しましょう**。

リーダーは「逃げ切ろう」とするな

本書の冒頭でも述べたように、私もかつては、感情を前面に出して、背中で引っ張っていくタイプのマネジャーでした。

リーダー自身が率先して現場に行き、部下の誰よりも結果を残し、見本になる。それを部下が見てついてくるはずだ。そう考えるタイプのリーダーでした。

まさに「仕組み」ではなく「感情」でなんとか引っ張っていたのです。

しかし、いま振り返ってみると、私の組織運営はまったくうまくいっていませんでした。

私個人のプレーヤーとしての能力は上がっていましたが、部下を育てることができていなかったのです。

背中で見せるリーダーの下では、部下は育ちません。つねに上司が入らないと案件が動かない。下の人間はルーティンをこなすだけで、1人1人が頭を使わない状況になります。

頭を使う部分を上司がやってしまうからです。部下が自分で頭を使うべき「プロセス」に上司が口を出してしまっていたのです。

雇ったからには「社員の人生」に責任をもつ

経営者は「社員の人生」に対して責任があります。

経営者は、会社を成長させることで会社の「社会性」を高め、会社の「利益」を増やし、それを社員に分配することでその責務を果たします。

ただしそれは「当面の責務」であり、もうひとつ大切な責任があります。

それは、**「稼ぐ力を身につけさせてあげる」**ということです。

経営者は、この先もずっと社員と一緒にいるとは限りません。

いつも隣で手取り足取りサポートできるわけでもないし、自分が先に辞めるかもしれない。

社員が先に会社を辞めるかもしれません。

経営者としてずっと社員の隣にいられるわけではないのです。

それなのに親鳥がヒナにエサを運ぶようなことをしていては、親鳥がいざ離れたときにヒナは生きていけません。

必ず「独り立ち」させなければならない。

だからこそ、社員には「生き抜く力」を身につけさせてあげることが重要なのです。

長期的な視点に立っていない「残念な経営者」

本書の第2章では「位置」について述べましたが、立場が上になっていくと、より長期的な視点に立たなければいけません。

しかし、**日本の大企業では、上の階層の人たちが逃げ切ろうとしている傾向があります**。

雇われ社長だと、「50代後半に2〜3年だけ社長を務めて終わり」ということがわかっているので、それが問題であることも多くあります。

特に大企業を回っていると、そうした状況をよく目にします。

創業者であれば、未来永劫、「**自分たちが生み出す価値を残し続けたい**」と思うはずですが、組織が大きくなればなるほど、その意志は見えにくくなってしまいます。

本書を読んでいるリーダーには、ぜひ、未来への視点を持ち続けてほしいと願っています。

半年後、1年後、自分たちの課が成果を上げるために、自分や部下が成長するために、何が正しいのか。

もし、あなたの会社の経営陣が2〜3年後しか見られていないからといって、それを言い訳にする必要はありません。

自分が与えられた位置でどういう成果を上げられるか、ということだけを考え続けてください。

「生きる基盤」となるコミュニティが会社だ

人はさまざまな集団に属しています。

会社、家族、友達、趣味の集まり、SNSでのつながりなど。生きているとあらゆるコミュニティに属することになります。

ただ、その中で唯一「会社」だけが**「糧を得るための」コミュニティです**。

家族や友達、その他多くのコミュニティは「糧を得るコミュニティ」があってこそ成り立ちます。

つまり、**会社がすべての土台になるのです**。

家族や友達コミュニティの充実をはかろうと思うのであれば、この「糧を得る」コミュニティを充実させる必要があります。

十分なお金、食料がなければ、遊びに行くこともできません。

これが、社会の仕組みです。

経営者は社員のすべてのコミュニティの充実をはかるためにも、糧を得る「会社」というコミュニティを整える必要があります。

リーダーも、その考えの下、部下の「糧を得る能力」を高めさせる。その環境を用意する。これが、やるべきことです。

「足腰の強い社員」になってもらう

「私は家庭を優先したい」

「僕は友達との時間が大切です」

そう言う人もいます。それ自体は大いに結構でしょう。当然、どのコミュニティを人生で優先させるかはその人の自由です。

ただし、**会社というコミュニティで糧を得なければ、他のコミュニティを充実させ続けることは難しい**。これが現実です。

しかも、今は景気後退の局面です。

こういうときにこそ、この事実をきちんと社員にも理解してもらい、真に「足腰の強い」社員になってもらう必要があります。

たしかに、ここ10年くらいはぬるま湯でもなんとかなってきました。

「やる気が出ない」「モチベーションがほしい」と言っていても会社はクビにしないし、なんとかなっていた。甘えていても大丈夫でした。

しかし、コロナ禍にさまざまな問題が表面化し、そんなことを言っている場合ではなくなってきました。

生きるか死ぬかのときに「やる気がないんで……」などと言っている余裕はないのです。

「給料」とは何かを考えるとき

あらためて、今もらっている「給料」とは何かを考えてみましょう。

給料とは、「有益性」への対価です。

給料は、結果を出した、利益をもたらした、価値を生み出した「有益性」に対して支払われるもの。

この仕組みはこれまでも、そしてこれからも変わりません。

景気がいい局面では、この仕組みがボヤけていました。

ボヤけていてもなんとなく回っていたのです。

本来は「有益性」に対して支払われるべき「給料」が、有益性をそれほど生んでいない人に対しても支払われていた。

生み出した有益性以上に給料をもらっていた人たちというのは、いわば「借金」をしていたのと同じです。

会社に対して借りをつくっていたわけです。

そして、そのように社員を甘やかして「借金」させていたのが経営者です。

こういった厳しい環境になって、これまでと同じ給料で雇ってもらえないような人たちというのは、あきらかに「有益性以上の対価」を獲得していた人たちでしょう。

いわば、**見えないように会社に借金をしていたような人たちです。**

もし、景気がずっとよければ、借金したまま逃げ切れる人も中にはいたかもしれません。

しかし、これからの時代では、誰が借金をしていたかは、如実に表れます。

常日頃から「借金」をせずに、むしろ「貯金」をしながら働いていた人もいます。

「組織の利益」に貢献し続けた人です。

彼らは、こういう危機的な状況になっても慌てていないでしょう。むしろ必要とされているはずです。

経営者が社員に「借金」させるのか、「貯金」させるのか。

それによって、社員の人生はまったく変わってくるのです。

「経営者のストレス」と「社員のいいストレス」

経営者は、社会からのストレスを受けています。

ストレスがあるからこそ、生き残ろうとします。

その「いいストレス」をきちんと社員にも与えてあげないといけません。

経営者がストレスをすべて吸収して、1人1人に「配慮」してしまうことは、社員の生きる力を奪うことになるからです。


かつて私は、経営者である自分が全部ストレスを吸収して、社員にはできるだけストレスを与えないほうがいいと思っていました。

しかし、**いいストレスを奪うことは、実はまったく社員のことを大切にしていると**

は言えないと気づいたのです。

社員に対する思いは、何ひとつ変わっていません。自分の会社に入ってくれた社員は大切だし、社員を愛する気持ちはまったく変わっていない。

ただ、大切にする正しい方法、正しい愛し方がやっとわかった。

それこそが、「**社員にきちんといいストレスを与えてあげる**」ということだったのです。

「従業員満足度」を気にする経営者がいます。「楽しく働いてもらう」ことに力を入れる経営者もいます。

しかし、これらは社員の「今この瞬間」の利益にしかフォーカスしていません。そうではなく、今を含めた未来にしっかり利益を与えること。それが求められているのです。

本質にもとづいた、本質的な利益を与える。しかも、今だけでなく未来への利益を与える。それが今後ますます大切になってくるのです。

「おわりに」に代えて――私たちの成長の話

私たちの会社は、創業から3年11ヶ月で上場しました。

普通、上場をする場合はベテランのCFOをヘッドハンティングしてきたり、外部のコンサル会社を入れたりします。

それだけやっても意外とできないのが上場というものです。

私たちの場合は、上場経験者が社内に1人もいませんでしたし、コンサル会社を入れたわけでもなく、プロパーだけでスッと実現したわけです。

普通は1～2年ほど延期になったりすることもよくあるのですが、スケジュールが狂うこともなく、到達することができました。

私たちが上場準備の審査を受けているとき、いちばん評価が高かったのが、「**指摘事項に対する改善速度の速さ**」でした。

私の会社では、私が「右だ」と言ったら、みんな右にパッと動きます。ただ、すぐに正解を導き出せるわけではありません。

「最初は右だと言ったけれど、やっぱり左だった」

「いや、実は右だったかもしれない」

というようにつねに試行錯誤しています。社員はそのたびにパッと方向を変えます。

他の会社は、メンバーに右に行く理由を説明したり、右に行っていいかどうかを聞かなければいけなかったりするでしょう。

私たちの組織は、そんな「お伺い」を立てる必要がないので、スピードの遅い経営者が2回試行しているあいだに、私は3回失敗できるのです。

だから、結果として私が先に正解を見つけて勝つことができます。組織運営はその積み重ねに尽きるのです。

一度も失敗しないで正解を見つけられる人がいるとしたら、それは特殊技能かもしれません。でも、そういう人は長くもちません。一発当たっても、次にまた当てなければいけないという状況が連続的に発生するのがビジネスです。

ビジネスは、長期戦です。

ずっと、たまたまの一発を当て続けられる人はいないでしょう。

みんな得意な領域や特殊技能を活用できる場面は違うので、全戦全勝はあり得ない。しかも、これだけ先行き不透明な時代です。結果としてスピードが速い人が勝っていくのです。

スピードが重要だと言いましたが、「組織には無駄がないほうがいい」「ロスが少ないほうがいい」と考えてしまうと、落とし穴にはまります。

スタッフや部下のトライアンドエラーを「ロス」ととらえ、スピードを速くするために、最初から正解を教えたり、手取り足取り教えたりしてしまう。この考え方は、絶対にNGです。

経験とともにしか人は成長しません。

将来的に速度が上がるための経験であれば、「ロス」だったとしてもそれは「成長の材料」になっていくのです。そこはロスに感じたとしても、必要なものです。そこには時間を使ってもいいのです。

最初から答えを教えたりしてしまうと、その一瞬は早いような気がします。

しかし、**答えを与える組織は、結果として速度が遅くなります**。部下が成長しないので、長い目で見ると速度は落ちるのです。

リーダーに長期的な視点を持ってもらうために、私の会社では、マネジャーの個人の数字は気にしないようにしています。

むしろ、**プレイングマネジャーでもプレーヤーとしての売上が低い人のほうが高い評価を得ています**。

リーダー自身が売上の数字を埋めている状態はよくありません。

社長やリーダーがもっと営業すれば、もう1～2億円は売上を積み上げることができるような場面があると思います。

しかし、それをやることには意味がありません。

部下が育たないからです。

長い目で見て、部下が育つことを待つようにしてください。

さて、本書もそろそろ終わりです。

本書の制作中、ふと思い出したのは、私が早稲田大学ラグビー部にいたときに監督だった清宮克幸さんの存在でした。

清宮さんは、まさに「リーダーの仮面」をかぶった人物でした。

つねに無表情で、ものすごく怖い指揮官でした。淡々と、粛々と、事実だけを突き詰めてチームを強くすることを実践されていました。

印象的だったのは、私が4年生のとき、最後の試合で負けた翌日のことでした。

これで引退を迎えることになるので、感傷にひたって労ってくれるのかと思いきや、その試合の映像を見返し、「敗因は4年生のこのプレーだった」と、私たちに向かって解説しはじめたのです。

もう引退する4年生のことを考えれば、名指しで「敗因だ」と言われるのはつらいことでしたし、清宮さんにとっても気持ちがいいことではなかったと思います。

しかし、**チームの未来、そしてその選手のこれからの成長を考えたときに、「この場で指摘することが正しい」と判断したのだ**と思います。そして翌年、この敗因をチームスローガン「ultimate crush」と命名され、それをやれば勝てるというチームづくりに成功。13年振りの学生日本一を果たすことができたのです。

もし、あのとき、「お前たちはよく頑張ったよな」という労いだけでミーティングが終わっていたら、その優勝はなかったかもしれません。

それから何年か経ち、本書で紹介したマネジメント方法を知ったとき、清宮さんのチームが強くなった理由を、時を超えて、後から理解できたような気がしました。

「リーダーの仮面という表現は比喩だ」と、本書の「はじめに」で述べました。
しかし、今となっては、私にとって仮面は「素顔も同然」となっています。
「これは、日本経済を救うくらいのマネジメント方法だ」
そう、確信に変わったからです。
そして今、それを日本中に広めるために努力しています。

いいリーダーの言葉は、遅れて効いてくる。

この本の内容が、「あのときの厳しい言葉は、そういうことだったのか」と、後から効いてくることを心から願い、本書を終えようと思います。

安藤広大

［著者］
安藤広大（あんどう・こうだい）
株式会社識学 代表取締役社長
1979年、大阪府生まれ。早稲田大学卒業後、株式会社NTTドコモを経て、ジェイコムホールディングス株式会社（現：ライク株式会社）のジェイコム株式会社で取締役営業副本部長等を歴任。2013年、「識学」という考え方に出会い独立。識学講師として、数々の企業の業績アップに貢献。2015年、識学を1日でも早く社会に広めるために、株式会社識学を設立。人と会社を成長させるマネジメント方法として、口コミで広がる。2019年、創業からわずか3年11ヶ月でマザーズ上場を果たす。2023年8月現在、約3500社の導入実績がある。
主な著書に、シリーズ100万部を突破した『リーダーの仮面』『数値化の鬼』『とにかく仕組み化』（ダイヤモンド社）がある。

リーダーの仮面
――「いちプレーヤー」から「マネジャー」に頭を切り替える思考法

2020年11月24日　第1刷発行
2024年8月23日　第24刷発行

著　者――安藤広大
発行所――ダイヤモンド社
〒150-8409　東京都渋谷区神宮前6-12-17
https://www.diamond.co.jp/
電話／03･5778･7233（編集）　03･5778･7240（販売）

ブックデザイン―山之口正和（OKIKATA）
編集協力――竹村俊助（WORDS）
本文DTP――キャップス
校正――――円水社
製作進行――ダイヤモンド・グラフィック社
印刷／製本―勇進印刷
編集担当――種岡 健

ISBN 978-4-478-11051-5